郭谦 ◎ 著

瞿溢 ◎ 绘

图说中国脊梁

中国致公出版社·北京

图书在版编目（CIP）数据

图说中国脊梁 / 郭谦著；瞿溢绘. -- 北京：中国
致公出版社，2025. 4. -- ISBN 978-7-5145-2297-6

Ⅰ. C955.2-49

中国国家版本馆CIP数据核字第2024R6M518号

图说中国脊梁 / 郭谦　著　瞿溢　绘

TUSHUO ZHONGGUO JILIANG

出　版	中国致公出版社	
	（北京市朝阳区八里庄西里100号住邦2000大厦1号楼西区21层）	
发　行	中国致公出版社（010-66121708）	
责任编辑	王福振	
责任印制	王阿林	
印　刷	三河市龙大印装有限公司	
版　次	2025年4月第1版	
印　次	2025年4月第1次印刷	
开　本	787mm×1092mm　1/16	
印　张	12.5	
字　数	227千字	
书　号	ISBN 978-7-5145-2297-6	
定　价	58.00元	

　　"江山如此多娇，引无数英雄竞折腰。"五千多年的中华文明孕育了许多明君智者、枭雄霸主、哲人圣贤、天纵文豪、英雄豪杰、仁人志士，他们在不同历史时期谱写一曲曲"精神"之歌，竖起了一座座"精神"丰碑，堪称中国榜样。他们的精神如溪流奔涌，汇聚成一条永不枯竭的长河，流淌千古，滋养着中华民族的思想、文化、经济、军事、科学等不断地向前发展。

　　这些中国榜样的故事或饶有趣味，或引人入胜，或慷慨激昂。中华民族所崇尚的仁爱、信义、宽容、正直、智慧、坚韧、自尊的精神光辉，在这些故事中俯拾皆是。他们的出现承载着我们对更高尚完美人生梦想的企盼。他们的脊梁超越了时空，激励着中华民族一代又一代人的成长，是我们汲取精神力量永不枯竭的源泉。

　　数千年光阴流逝，有些英雄的原貌已然模糊不清，但他们的使命和精神代代相传、永垂不朽。他们的壮举承载着历史的内涵，是人类文明向度的标杆。他们的生命在漫长的岁月中消失殆尽，但他们的精神使人类从无知、卑微和浅薄中完美蜕变，在智慧征途中步步向前。而今，他们的身影穿越时空的隧道，汇聚、浓缩成中华民族主流的价值符号。

　　本书中所阐述的中国榜样，汇聚诸多可贵精神，这些精神既具有爱国、艰苦奋斗、耿直进谏等共性，又具有鲜明个性。本书重点阐述他们每一个人卓尔不凡的个性精神，对其他方面的精神只作粗略说明。他们鲜明的个性精神融合塑造了华夏民族的精神之魂，铸就了华夏民族永恒不变的民族之魂。这些鲜明的个性精神对广大读者而言无异于龙肝凤髓，是广大读者无限渴求的珍贵的养分，可以帮助读者培养高贵的品质、气质，构建丰富的精神世界。

　　中国脊梁精神的魅力在于其可复制、可推广、可借鉴。传承千年的中国精神、中国魂，是中国优秀文化的内核，是中国文明乃至世界文明的共同财产，作为编者，我有义务把中国脊梁的精神传播到世界各地，让世界人民共享。

——2022年5月12日郭谦写于北京宋庄大巢艺术区

目录
Contents

第一章

人中豪杰，闪耀精神

大禹精神——公而忘私

大禹像

导语： 大禹治水的壮举确立了水利事业在中华民族发展中的重要地位。与西方"诺亚方舟"和上帝拯救人类的神话不同，它是中华民族在对抗洪水时自强不息、共求生存的历史。大禹治水是揭开中华文明新篇章的标志性历史事件。大禹精神是以大禹为代表的上古先民，在面对特大洪水时所表现出的不畏艰险、顽强拼搏、团结协作、尊重科学的文化精神，是中华民族集体主义精神、无私奉献精神和勤劳智慧的一个缩影。

正文：

传说在几千年前的帝尧时期，中原地区发生了持续几十年的特大洪水，许多丘陵、山包都被洪水淹没了。没有被淹没的地方杂草疯长、五谷不生、禽兽横行，百姓缺衣少食，连居住的地方都没有。

《孟子》中对于当时的情景这样描述："当尧之时，天下犹未平，洪水横流，泛滥于天下，草木畅茂，禽兽繁殖，五谷不登，禽兽逼人。兽蹄鸟迹之道，交于中国。"

帝尧忧心如焚，召开部落联盟会议，征求四方部落首领的意见，让他们推举能够治水的人。首领们一致推荐鲧，他们说："现在没有比鲧更具有智慧的人了，您让他去试一下吧！"帝尧同意了，便封鲧为崇伯，让他带领数万民工去治水，不断地加固并继续修筑堤坝。

九年时间过去了，鲧并没有制服洪水。他去天庭偷了一种叫息壤的土，因为息壤撒在水里能自生自长，他想借息壤阻挡洪水泛滥。天帝知道后大怒，命令火神将鲧处死，并收回了息壤。鲧临终前嘱咐儿子大禹说："孩子，你很聪明。爹没有本事，你一定要设法把洪水制服。"

鲧死后，帝尧又让大臣推荐能人去治水。时任大司农的虞舜推荐鲧的儿子大禹。他说："大禹，从小聪慧，富有大志，一定能继承父业治好水。"帝尧召见大禹，见他英气逼人，很是喜欢，有意考问："大禹，你是否愿意接替你父亲鲧去制服洪水？"

"我愿意。"

"如果你不能治理好洪水，我将砍掉你的脑袋。"

大禹以为民造福为己任，既无畏惧，也无怨恨，义不容辞地挑起了治

大禹治水图1

水的重担。为了完成治水任务，他远离亲人，远离家乡，"乘四载""决九川，距四海，浚畎浍距川""随山浚川""随山刊木"，全身心投入治理洪水的工作。

大禹请来过去治水的长者和曾同他父亲鲧一道治过水的人，总结过去失败的经验，寻找根治洪水的办法。有人认为，"洪水泛滥是因为来势很猛，流不出去"。有人建议，"看样子，水是往低处流的。只要我们弄清楚地势的高低，顺着水流的方向，开挖河道，把水引出去，就好办了"。这些建议使大禹受到很大启发，他沿着水路实地考察，发现黄河中游有一座大山，叫龙门山（在今四川省），堵塞了河道。奔腾东下的河水受到龙门山的阻挡，溢出河道，犯了水灾。所以，大禹决定要改变鲧之前的做法，用开渠排水、疏通河道的办法把洪水引到大海中去，即用"疏导"的办法来根治水患。

为了便于治水，大禹将全国整个地域划分为九州，即冀、衮、青、徐、扬、荆、豫、梁、雍。他的治水方案是劈开龙门和伊撅，凿通积石山和青铜峡，挖通九条大河，即太史、复釜、胡苏、徒骇、钩盘、鬲津、马颊、简、

洁（见《尔雅·释水》）。这样，河水才会畅通无阻。

于是，一场规模浩大的治水工程便开始了。大禹和老百姓一起劳动，戴着箬帽，拿着锹子，带头挖土、挑土。禹的脚因为长年泡在泥水里而落了病，只能拄着棍子走路。

大禹全身心地投入治水，连自己的婚姻大事都顾不上。《吴越春秋》记述了这件事，说大禹"三十未娶，行到涂山，恐时之暮，失其度制，乃辞云：吾娶也"。意思是说，大禹一心一意治水，把结婚的事情都耽误了，眼看过了三十岁，还没有娶亲，违背了祖宗的制度，万不得已，大禹才决定娶妻！然而，史书说大禹经过"辛、壬、癸、甲"四日，连蜜月都没有度过，就又回到了抗洪第一线。

大禹治水图2

相传，大禹治水居外十三年，"三过家门而不入"。第一次，大禹在治理淮河工程告一段落时，回帝都汇报工作，顺便回阳翟家中看望妻子和刚出生的儿子。行至离家不远处时，大禹忽然接到来报：豫州连降暴雨，山塌地陷，已有数万百姓葬身水底，幸存的人也危在旦夕。大禹闻讯，急令停舟登岸，火速赶往灾区。

第二次，大禹在治理震泽大湖的时候，妻子捎信说，禹母已死，儿子启重病，让大禹抽空儿回家看看。大禹决定借下期工程准备期间回家探望。行至半路，见大群难民蜂拥而来，询问缘故，得知是荆州百姓，因土地被淹，家园被毁，亲人丧生，不得不背井离乡、四处流浪，一者为死里逃生，二者为寻求大禹，共同治理洪水。听到这里，大禹深疚自己不该为了一己之私，延误治水，毅然改变主意，返回震泽工地。

第三次，大禹在检查治水工程时，刚好路过自家门口，听见刚刚降生的儿子在屋内呱呱啼哭，但因为害怕贻误治水工期，大禹终究没有进去看望一眼。甚至禹妻带儿子启回石纽扫墓，途中忽遇盗贼，母子险遭劫难。当时侦察得知是三苗残部掠夺地盘，杀戮百姓，大禹立即督军前往征剿，始终未能与妻子相见。

大禹"三过家门而不入"的故事传为美谈，至今仍为人们所传颂。

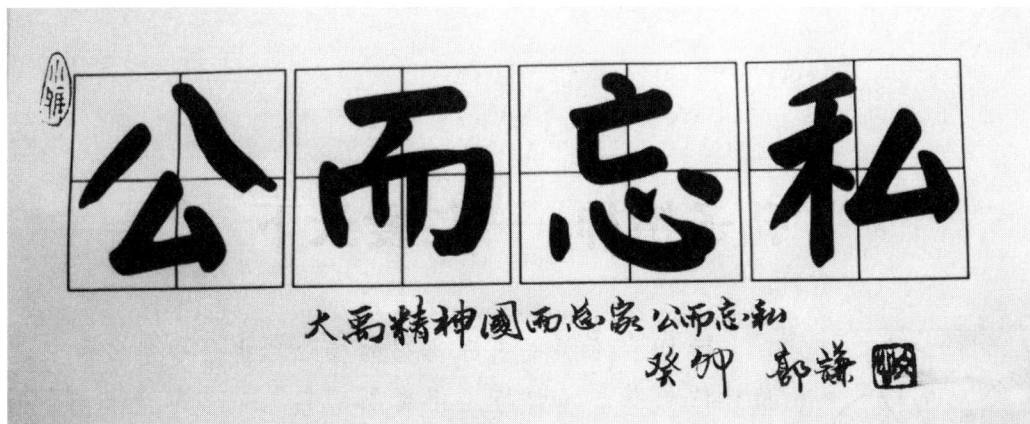

公而忘私——郭谦楷书作品

经过十多年的努力，大禹终于把洪水引入大海。从此，九州大地又可以种上庄稼了，人们逐渐过上了幸福安定的生活。

结语：大禹为了治水伟业，粗茶淡饭，居住简陋，终日跋涉在山川大地上。他公而忘私的精神，是完成治水大业的根本保障。正是他成就了人类战胜自然的典范。大禹在带领人民治理洪患的艰苦历程中，最广泛地接触了人民，最深切地了解了民情，最真切地感受到了人民群众的伟大力量，形成了以"敬民、养民、教民、护民"为主要内容的"民本"思想。大禹深切地了解到社会和谐发展的重要性，他努力推动各民族的交流、渗透和融合，促进了华夏民族的形成和发展。夏朝初创时，东有夷，南有苗，西有羌，北有犬戎，大禹既尊重各民族的生活方式和风俗习惯，又通过传授先进的生产技术和传播优秀的文化艺术，增进了民族团结。大禹还十分注重依法治国，他设置九州，区划五服，建立了比较完善的行政管理体制；他制定了中国历史上第一部历法——夏历，依法施政。正因如此，才实现了中华民族从原始部落向奴隶社会的飞跃。大禹的精神，影响了一代又一代的清廉官吏。同样，他公而忘私的精神值得我们学习，可以帮助我们养成良好的工作责任心。

孔子精神——仁爱天下

孔子像

导语：仁爱是孔子思想的核心，也是中华传统文化精神的根基。《论语》中提到"仁"的次数多达到109次。《论语》中曾这样记载："士不可以不弘毅，任重而道远。仁以为己任，不亦重乎？死而后已，不亦远乎？"孔子思想之所以经久不衰，影响深远，臻至世界名贤，全在一个"仁"字。

在孔子看来，仁爱分为几个层次，但仁爱的根本是"孝悌"，因为只有在家孝敬父母，才能由近及远、由亲至疏地践行仁爱思想，"泛爱众而亲仁"，即爱天下之人。即使是身为国家的统治者，也要行"恭、宽、信、敏、惠"的爱民政策，行仁政、德政，因为"克己复礼，天下归仁焉"。孔子认为，如果社会中的每个人都能做到"仁"，具有仁爱之心，那么上下、长幼、尊卑有序的礼治社会就不难实现了。

✿ 正文：

孔子生活在两千五百多年前的春秋时期，那是一个道德沦丧、礼乐崩坏、战火纷飞的时代。那时，到处崇尚强权，追逐功利，极尽攻伐争战之能事，导致民不聊生。为了拯救天下，推行礼治社会，孔子带着他的一众弟子奔走列国，到处传播仁心仁政的思想。

孔子弦歌鼓琴

一次，孔子受楚昭王邀请，到楚国访问，途经陈、蔡两国。陈、蔡两国的大夫害怕孔子被楚国重用，对本国不利，于是，他们派兵将孔子和他的一众弟子围困在陈、蔡两国之间。孔子一行连续七天没有生火做饭，熬的野菜汤里也没有一粒米，不少弟子面呈菜色，无精打采。而此刻，孔子却依然在室内弦歌不止。

这时，孔子的弟子颜回在屋外择野菜，听见子路与子贡两人在一旁嘀咕："先生两次被鲁国驱逐，在卫国也没能待下去，在宋国讲学，连背靠的大树都被人砍倒了，到周地拜访，又受到老子的数落，现在还被人围困在陈、蔡两国之间。追杀先生和欺凌先生的无有禁止。先生倒好，依然在这里弦歌鼓琴，自得其乐。难道做君子的，就这样没有羞耻心吗？"

颜回听到这里，默默无言，想不到劝说他们的言辞，只好走进屋里，告诉了孔子。孔子听后，推琴长叹道："子路、子贡呀！难道他们真的是小人？召他们进来，我有话要跟他们说。"

孔子讲学

子路、子贡进屋。子路对孔子抱怨说："老师，我们行到这步田地，可以说是末路穷途了吧！"

孔子听到这里，厉声喝道："子路！这是什么话？君子明于道谓之通，昧于道谓之穷。我们抱仁义之道，处在这少仁少义的乱世，遭受磨难，这是很正常的事，何穷之有？内省无愧于道，临难不失己德，大寒至，霜雪降，因此才会知道松柏之真强茂。过去，齐桓公因在莒国受辱，反而树立起王霸之志。晋文公在曹国受欺，因此产生称霸之心；越王在会稽遭受奇耻大辱，却使他更加坚定复国的志愿。这次，我们遭遇这般磨难，难道不也是件很幸运的事吗？"

说完，孔子截然返身回到琴案，操琴而作。子路闻后，也随之持兵器，昂然合拍而舞。子贡见此，愧然自叹道："我真是不知道天有多高，地有多厚呀！"

所以，古代圣贤得意也乐，失意也乐，所乐与得失无关。他们心中的理想、信念坚如磐石。尽管孔子知道，有生之年很难看到它们开花结果；尽管他知道，以一介布衣儒士的身份，很难扭转乾坤。但其不屈不挠的济世情怀，"知其不可为而为之"的救民心志，却使他更显出大儒的气概。"岁寒，然后知松柏之后凋也"，可谓孔子一生品格的真实写照。

在《论语》里，孔子谈到"仁"的地方有多处，都是谈"仁"的外用，谈如何达到"仁"。至于"仁"本身是个什么境界，却没有进行正面描述。原因是"仁"的本体无法用文字确切地描述，这得靠修学者用心体悟。

关于如何达到"仁"，孔子也是针对不同弟子的不同性格特点，给予了不同的回答，所谓因材施教，对症下药。习惯于安贫乐道的弟子颜回问"仁"，孔子说："克己复礼为仁。一日克己复礼，天下归仁焉。为仁由己，而由人乎哉？"有领袖气质的弟子仲弓问"仁"，孔子说："出门如见大宾，使民如承大祭。己所不欲，勿施于人。在邦无怨，在家无怨。"而当辩才与商才都首屈一指的弟子子贡问道："如有博施于民而能济众，何如？可谓仁乎？"孔子说："何事于仁，必也圣乎？尧、舜其犹病诸！夫仁者，己欲立而立人，己欲达而达人。能近取譬，可谓仁之方也已。"

孔子教学因材施教，他的教学方式是成功教育的典范，类似的例子很多。可见，"仁"也终究是个内在体验的事，跟佛家讲的"佛"、道家讲的"道"一样，终究是属于可意会而不可言传的范畴。

仁爱——郭谦隶书作品

不过，孔子有一段话，却点出了要领。孔子说："仁远乎哉？我欲仁，斯仁至矣。"在这句话里，孔子似乎在说，仁啊！其实它离我们很近呀，我们一欲求，就能得到。为什么呢？因为我们从来就没失去啊！只是因为我们总是在向外寻求其他的东西，所以它才好像不存在呀。

孔子主张治理国家"不患寡（贫）而患不均，不患贫（寡）而患不安"（《季氏》）。"均无贫、和无寡、安无倾"，他从社会财富、团结、安定三个方面思考国家大事，彰显仁爱之心。孔子去卫国，弟子冉有问人多了怎么办，孔子回答"富之""教之"，富与贵是孔子让大众摆脱贫困的大思路，既有历史价值，又有现实意义。

孔子所处的时代只有几百万人，但跟从孔子学习的弟子却有三千之多。他们都是各国的精英人物，什么样的人才都有。以孔子本身的智慧与人格魅力，加上众弟子的辅佐，在当时，如想谋取一国权位，是不难做到的。然而孔子深知，社会的安定、大众的幸福，如果没有纯正的道德思想作为基础，文化教育没有跟上，仅靠权谋势力的支撑，是不会长久的。所以，孔子宁可自己一生穷苦受累、寂寞凄凉，被人误解为不识时务，也要担当起继承发扬中华优秀传统文化、优秀政治智慧的大任，为万世开太平奠定良好的文化基础。

结语： 当今，"仁爱"已上升为国家的方针政策，孔子的富民理想即将成为现实。不久前，习近平总书记指出，要认真汲取中华优秀传统文化的思想精华和道德精髓，大力弘扬以爱国主义为核心的民族精神和以改革创新为核心的时代精神，深入挖掘和阐述中华传统文化讲仁爱、重民本、守诚信、崇正义、尚和合、求大同的时代价值，使中华优秀传统文化成为涵养社会主义核心价值的重要源泉。我们应当看到，孔子的仁爱观，是从人是自然之子、人性的本能出发，具有朴素的、自然的情感和行为，也存在历史的局限性。今天的仁爱具有人与内心、人与人、人与社会、人与自然的大爱。我们应自觉地培养自己的仁爱之心，让几千年来爱生命、爱亲人、爱朋友、爱大众、爱国家世代相传的民族精神成为爱祖国、爱人民，尊老爱幼、见义勇为，一方有难八方支援的社会主义新风尚，成为社会主义核心价值体系的重要内容，成为维系海内外中华儿女团结的纽带。

墨子精神——兼爱非攻

墨子像

导语： 墨子是一位具有智慧和勇敢的思想家。他不向侵略者乞求和平，除了用正义的言辞批驳对方，还用科学的作战技能来增强捍卫和平的力量。事实证明，宋国在先进科技强有力的支持下，免遭侵略。墨子为实现自己的兼爱非攻理想，不辞艰辛，长途跋涉，甚至冒着生命危险去扑灭即将燃起的侵略战争的火焰。墨子这一伟大的行动，充分体现了中华民族倡导博爱平等、反对侵略的优良传统。直到今天，它对我们还有现实的教育意义。

🌸 正文：

公元前5世纪左右，中国处于许多诸侯国分治的时期，即春秋末期战国初期，当时的大国有楚国、秦国、齐国、赵国，小国有鲁国、宋国、卫国等。

墨子本名墨翟，出生在宋国一个普通农家，从小聪颖好学，样样精通，被人们称为神童。在他八岁那年，村里来了一位有名的鲁国工匠，这名工匠姓公输，他带着一个九岁的儿子，叫公输般。公输般成了墨翟的玩伴，两人每天形影不离，饭同食、寝同榻，公输般教墨翟制造有趣的机械，墨翟给公输般讲有趣的故事。

三年之后，公输般随父亲离开村子，去他处谋生。俩小孩哭着不肯分别，公输般送给墨翟一只小木鸟，墨翟送给公输般一把小木剑，追着送了十几里路，俩人才告别。

二十年过去，墨翟成了很有名望的贤人，他居无定所，四处漂泊，追随他的人成百上千，世人称他们为"墨家"，称墨翟为"墨子"。

有一天，墨子来到楚国，楚国正在新建王宫，墨子带着几名弟子来到工地，问工匠们："建造王宫是谁在负责？"

工匠们说："是鲁国的公输大人。"

墨翟露出了笑容，问："他在何处？"

工匠说："公输大人的夫人临盆，他回府去了。"

"哦"，墨子掉头回了客栈，犹豫了很久。他离开楚国，去了卫国、齐国，最后到了鲁国，一路宣传墨家学说。墨子倡导"兼爱""非攻"，提出"尚贤""尚同"的政治思想，主张从天子、诸侯国国君到各级正长，都要"选天下之贤可者"；人民则要服从君上，做到"一同天下之义"，天下人都要相亲相爱，反对恃强凌弱的战争。墨家的思想在当时得到了广大厌战平民百姓的拥护。

没过几年，楚国准备攻打宋国，要公输般制造攻城器械。公输般为楚国制造了一种称为云梯的器械，又高又大，用于攻打敌国的城池，在当时可以说是战略性武器。墨子听到这个消息后，急忙从鲁国赶往楚国，他不顾疲劳，走了十天十夜，两只脚全是水泡。到楚国国都马上拜访公输般，希望能够阻止这场战争。

公输般见到幼年的伙伴，大喜过望，说道："贤弟，很久没有见到你了，我很是想念啊。你千里跋涉而来，是不是有什么事需要我做？"

"有人侮辱了我，"墨子说，"我想托你去杀掉他……"

公输般一听，很不高兴，没有表示。

"我送你黄金！"墨子接着说。

"我讲道义，不会因为给我金钱而杀人！"公输般说。

墨子立即起身，拜了两拜，说道："贤兄义正词严的话，让我很感动。可我听说你造了云梯，用来攻打宋国。宋国有什么罪过呢？楚国有余的是地，缺少的是百姓，杀缺少的来争有余的，不能说是智；宋国没有罪，却要攻它，不能说是仁；你明明知道，却不向楚王力争，不能说是忠；你即使向楚王争辩过，争了而没有达到目的，不能说是强；连少数人也不去杀害，反而去杀害多数人，不能说是仁义。"公输般听后无话可答。

"那么，贤兄是不是可以不去攻打宋国？"墨子追问。

"这可不成，"公输般说，"那是楚王的霸业。"

"贤兄，可不可以带我去见一下楚王呢？"墨子再问。

"可以。"公输般说。

墨子与公输班对阵

楚王早就听说墨子的大名，很是敬重地请他入座，问："先生不远千里来到敝国，有何见教？"

"请问大王，"墨子说，"现在有一个人不要自己家里的大马车，却想偷邻家的破车；不要自家华贵的衣服，却想偷邻家的旧毡袄；不吃自家的米和肉，却想偷邻家的糠屑饭，大王说这是一个什么样的人呢？"

"那一定是生了偷窃病了。"楚王说。

墨子见齐王

"楚国方圆五千里，"墨子说，"宋国却只有五百里，这就像豪车与破车；楚国有云梦，物产丰富，宋国贫瘠，物产贫乏，如同锦绣与旧衣、米肉与糠屑饭之比。所以在我看来，大王派兵攻打宋国，也像犯了偷窃病。不仅道理上说不过去，事实上也达不到让楚国富有、强大的目的啊。"

楚王一下子不知如何回答才好，蛮横地说："你说得的确不错，但是公输般已经为我造好了云梯，我是一定要攻打宋国的。"墨子不慌不忙地说："云梯并没有想象得那样厉害，不信的话，我可以与公输般模拟作战。"

墨子解下自己的腰带，弯作弧形，算是城，用一些木片作为防守的器械。公输般用了九种方法，进攻了九次，都被墨子击退。公输般攻城的器械用尽了，墨子防守的办法却还有余。

公输般失败了，他却说："我知道用什么法子能赢你，但是我不说。"

"我也知道你用什么法子能赢我，我也不说。"墨子说。

楚王没有听懂，问他们说的究竟是什么意思。墨子笑着说："公输般的意思，不过是想杀掉我，以为杀掉我，宋国就没有人能守城，可以进攻了。可是我的学生禽滑釐等三百人，已经拿了我守御的器械在宋国城墙上，等着楚国的军队，就算是杀了我，你们也是攻不下宋国的。"

"哦，是这样啊，"楚王迫不得已地说，"我接受先生的建议，不攻打宋国了。"

兼爱非攻，舍身救世
——墨翟和《墨子》

兼爱非攻，舍身救世——郭谦隶书作品

　　结语：墨子是中国古代伟大的思想家、科学家、社会活动家和平民教育家，在我国文明史上代表了一个时代的高度。墨家学派代表了我国先秦时期的科学成就，在我国自然科学史上占有重要地位。墨家学派虽然只是一个独立的政治派别和学术流派，但是墨家作为传统文化的因子，已经融入中华民族的血液之中，成为中华民族精神的标志之一。两千多年来，墨子精神一直对中华民族产生着积极的影响。其反对侵略的和平主义精神，无私无畏的救世精神等，在当今时代仍具有极其重要的价值，值得效法和发扬。进一步开展对墨子及其思想的研究，对我们批判地继承中华优秀传统文化，增强民族自信心，振奋民族精神，形成和发展具有中国特色的社会主义新文化都是十分重要的。

荆轲精神——不怕牺牲

荆轲像

导语：荆轲刺秦的故事已经在中华文明的进程中流传了两千多年，经过了岁月的磨砺，荆轲依然以其独特的魅力和代表的精神影响着华夏儿女。荆轲刺秦凭的是一种超人的胆识，正是这种胆识令我们对这个故事、这段史实记忆犹新。毫无疑问，荆轲的行为是爱国的体现。每个人都能说自己爱国，每个人也都会爱国，但能在危难之时为国之存亡挺身而出的人并不多，荆轲便是这样的英雄。明知艰难，他还是义无反顾地为国家的独立而抗争，即使付出生命也心甘情愿，这正是我们所宣扬的奉献精神。

正文：

战国时期，楚国、齐国、赵国、秦国等大国长年混战，争夺天下。其中，秦国经过商鞅变法，实施废井田、重农桑、奖军功，实行统一度量、建立县制等一系列变法图强的发展策略，不仅经济得到了发展，军事实力也越来越强。

公元前230年，秦国消灭了韩国。过了两年，秦国大将王翦占领了赵国都城邯郸，一直向北进军，逼近燕国。

这时，燕国的君臣非常焦急，尤其是燕太子丹。太子丹在秦国当过人质，他见秦王政决心兼并列国，又夺了燕国的几块土地，就偷偷地逃回燕国。他恨透了秦国，一心想报仇。但他觉得无法打造出与秦国一样强大的军队，于是就想到找勇敢的刺客去刺杀秦王政。他拿出家产收罗门客，物色人选，终于找到了一个很有本领的勇士——荆轲。他把荆轲当作座上宾，把自己的车马给荆轲使用，与荆轲同吃同住。荆轲当然也很感激太子丹对自己的知遇之恩。

形势危急后，太子丹就去找荆轲。太子丹说："秦国大兵已经压境，我们燕国危在旦夕。如果出兵，与秦国打仗就像鸡蛋碰石头；赵国与燕国的联盟也被秦国破坏了，其他援军也指望不上。我想派荆先生您去秦国。您可以打扮成使者去见秦王，接近秦王，逼他退还诸侯的土地。秦王要是答应了最好，要是不答应就把他刺死。您看这样做，行不行？"

荆轲说："可以一试，但要接近秦王，必定得先叫他相信我是代表燕国求和去的。听说秦王早想得到燕国最肥沃的土地督亢（在今河北省涿州市一带），还有秦国将军樊於期，现在流亡在燕国，秦王正在悬赏通缉他。我要是能拿着樊将军的头和督亢的地图，他一定会接见我。这样，我就可以对付他了。"

太子丹很为难地说："督亢的地图好办，樊将军受秦国迫害来投奔我，我怎么忍心伤害他呢？"

荆轲知道太子丹于心不忍，就私下去找樊於期，跟樊於期说："我有一个主意，能帮助燕国解除战祸，还能替将军报仇，可就是说不出口。"

樊於期连忙说："什么主意，你快说啊！"

荆轲说："我决定去行刺秦王，怕的是见不到秦王的面。现在秦王正在悬赏通缉你，如果我能够带着你的头颅去，他准能接见我。"

樊於期说："好，你就拿我的头去吧！"说着就拔出宝剑，抹脖子自杀了。

太子丹听说了这件事，赶着马车跑去，伏在樊於期的尸体上大哭，非常悲伤。但事已至此，没有办法挽回了，于是他就收拾安放樊於期的首级，用匣子装好。

太子丹特地为荆轲准备了一把锋利无比的匕首，叫工匠用毒药煮炼过。只要这把匕首刺中敌人，就会立刻气绝身亡。他把这把匕首送给荆轲，作为行刺的武器，又派了一个十二岁就敢杀人的勇士秦武阳，做荆轲的副手。

荆轲赴秦

公元前227年，荆轲从燕国出发前往咸阳。太子丹和少数宾客穿上白衣，戴上白帽，到易水（在今河北省易县）边送别。临行时，荆轲给大家唱了一首歌："风萧萧兮易水寒，壮士一去兮不复还。"

大家听了他悲壮的歌声，都伤心得流下眼泪。荆轲拉着秦舞阳跳上车，头也不回地走了。

到达秦国后，荆轲拿着价值千金的礼物送给秦王的宠臣中庶子蒙嘉。蒙嘉替他事先向秦王政进言："燕王确实非常惧怕大王的威势，不敢出兵抵抗，愿意全国上下都做秦国的臣民，像秦国的郡县那样贡纳赋税。他们诚惶诚恐，不敢自己来陈述，派使者带来叛徒樊於期的首级，并献上燕国督亢一带的地图。大王是否见一下燕国的使者呢？一切听凭大王吩咐。"

秦王政听了蒙嘉的话，非常高兴。于是穿了上朝的礼服，以隆重的礼仪，在咸阳宫接见燕国使者。

朝见的仪式开始了。荆轲捧着装了樊於期头颅的盒子，秦武阳捧着督亢地图，一步步走上秦国朝堂的台阶。

秦武阳一见秦国朝堂威严的样子，就害怕得发起抖来。

秦王政左右的侍卫一见，吆喝了一声，说："使者怎么变了脸色？"

荆轲回头一瞧，果然见秦武阳的脸又青又白，就赔笑对秦王政说："粗野的人，从来没见过大王的威严，免不了有点儿害怕，请大王见谅。"

秦王政带着疑虑对荆轲说："那你把地图、人头一起献上来吧。"

荆轲从秦武阳手里接过地图，捧着木匣继续走上去。他先把木盒献给秦王政。秦王政打开木匣一看，果然是樊於期的首级，高兴地大笑起来，说："樊於期，你背叛朕，还是逃脱不了一死。"又转身对其他大臣说，"这就是背叛朕的下场！"

荆轲刺秦

秦王政又叫荆轲献上地图。荆轲把一卷地图慢慢打开，到地图全都打开时，荆轲预先卷在地图里的一把匕首就露出来了。秦王政一见，惊得跳了起来。荆轲连忙抓起匕首，左手拉住秦王政的袖子，右手把匕首向秦王政胸口直扎过去。

秦王政使劲地向后一转身，把那只袖子挣断了。秦王政拔剑，剑太长，就握住剑鞘。当时情况十分危急，但剑插得很紧，不能立即拔出来。他跳过旁边的屏风，刚要往外跑，荆轲拿着匕首追了上来，秦王政一见跑不了，就绕着朝堂上的大铜柱子跑，荆轲紧紧地逼着。两个人走马灯似的直转悠。旁边虽然有许多官员，但是都手无寸铁；殿外的武士，按秦国的规矩，没有秦王的命令是不准上殿的。大家都急得六神无主，也没有人召殿外的武士进殿。

秦王政的侍医夏无且急中生智，拿起手里的药袋对准荆轲扔了过去。荆轲用手一扬，那只药袋就飞到一边去了。

就在这一眨眼的工夫儿，秦王政往前一步，拔出宝剑，砍断了荆轲的左腿。

荆轲站立不住，倒在地上，他拿匕首直向秦王政投过去，秦王政一闪，那把匕首就从他耳边飞了过去，打在了铜柱子上，"嘣"的一声，直迸火星。

秦王政见荆轲手里没了武器，又上前向荆轲砍了几剑。荆轲身上受了八处剑伤，知道刺杀一事已经失败，苦笑着说："我没有早下手，本来是想先逼你退还燕国的土地。"

这时，殿外的武士已经一起赶上殿来，结果了荆轲的性命。那个秦武阳也早就被武士们杀了。

结语： 秦朝是中国历史上第一个封建统一王朝，千古一帝——秦始皇，金戈铁马，横扫六疆。秦咸阳宫，楼阁宫殿，富丽堂皇，戒备森严，就像杜牧在《阿房宫赋》中所描述的一样："五步一楼，十步一阁；廊腰缦回，檐牙高啄；各抱地势，钩心斗角。"秦咸阳宫见证了秦王朝的荣辱兴衰，中国上下五千年的历史长河中，发生在咸阳宫内的商鞅变法、焚书坑儒、荆轲刺秦等事件都是中国人再熟悉不过的历史事件。如果荆轲当时行刺成功了，中国五千年的历史将会被改写。可是失败了就是失败了，历史发生的事，谁也改变不了，阻止不了。

虽然荆轲没有刺杀成功，但依然是一位顶天立地的悲壮英雄，因为在赴秦国之前他心中早就做好了牺牲的准备，于是留下了一句"风萧萧兮易水寒，壮士一去兮不复还"的千古绝唱，如今这句名言虽然经过了几千年的洗涤，但它依然在神州大地上熠熠生辉，正像陶渊明《咏荆轲》中所说："其人虽已没，千载有余情。"

屈原精神——上下求索

屈原像

导语： "路漫漫其修远兮，吾将上下而求索。"这是屈原抒情长诗《离骚》中最经典的句子，是体现上下求索精神的诗眼。

屈原是中国第一位伟大的爱国主义诗人，被称为"诗歌之父"，是中国的诗魂、国魂、民族魂。1953年，屈原还被评为世界四大文化名人之一，受到世界和平理事会和全世界人民的隆重纪念。

在求索中，屈原衷心希望楚国能强盛起来，实现祖国统一大业。为了国家的安全、繁荣，他不断地思考发展策略，他尽心尽力地进献良策，但屡次遭到奸臣陷害，他以高尚的政治情操和理想，不屈不挠的斗争意志，壮怀激烈的气节和风骨，谱写了生命奋争的故事。

在求索中，他开创了一种新的诗歌体裁——楚辞，突破了《诗经》的表现形式，极大地丰富了诗歌的表现力，为中国古代的诗歌创作开辟了一片新天地。他写下了忧国忧民的《离骚》《天问》《九歌》等不朽诗篇，《离骚》《诗经》并称为"风骚"，"风骚"是中国诗歌史上现实主义和浪漫主义两大派别的源头，对后世诗歌创作产生了积极影响。无论是从文学角度，还是从社会角度，都有着跨越时空的意义。

❀ 正文：

战国时期，楚秦争夺霸权。

屈原，战国末期楚国人，名平，字原，是楚武王熊通之子屈瑕的后代，丹阳秭归（今湖北宜昌）人。

屈原做过楚怀王的左徒。他知识广博，记忆力强，明了国家治乱的道理，擅长外交辞令。对内，与楚怀王谋划商讨国家大事，颁发号令；对外，接待宾客，应酬答对各国诸侯。楚怀王很信任他。

当时，有一个上官大夫和他职位相等，想争得楚王的宠爱，嫉妒屈原的贤能。楚怀王派屈原制定国家的法令，屈原编写的草稿尚未定稿，上官大夫看见了，就想拿走草稿，屈原不给。上官大夫就在楚王面前诋毁他："君王让屈原制定法令，大家没人不知道，每出一道法令，屈原就会炫耀自己，说'除了我，没有人能制定法令了'。"楚王听后很是生气，因而疏远了屈原。

不久以后，秦国想进攻齐国，当时齐国与楚国联合抗秦。秦惠王深知这是忧患，便派张仪拿着丰厚的礼物送给楚国作为信物，表示愿意侍奉楚王，说："秦国很憎恨齐国，如果楚国能同齐国断绝外交关系，秦国愿意献上商於一带六百里地方。"

屈原闻知此事后就去见楚王，楚怀王不接受屈原的进谏，因贪得土地就相信了张仪，于是同齐国绝交，派使者到秦国，接受秦国所允许割让的土地。张仪欺骗楚国使者说："我同楚王约定是六里的地方，没说给六百里。"

楚国的使者生气地回来报告给楚怀王。楚怀王很生气，便大规模调动军队去攻打秦国。秦国派兵迎击楚国军队，在丹水、浙水，楚军惨遭失败，被杀八万人，楚大将屈匄被俘虏，秦军乘胜追击，夺取了楚国的汉中地区。楚怀王不得不调动全国军队，深入秦地作战，在蓝田展开激战。魏国听说这个消息，偷袭楚国邓地，楚军害怕了，从秦国撤回军队。而齐国始终怨恨楚国绝交，不愿出兵救援，楚国的处境十分困难。

第二年，秦国割还汉中土地来同楚国讲和。楚怀王说："不愿得到土地，希望得到张仪就心甘情愿了。"张仪听到后说："用一个张仪可抵挡汉中土地，臣请求前往楚国。"到楚国后，张仪又凭借丰厚的礼物贿赂楚国当权的大臣靳尚，还让他对怀王的宠妃郑袖编造了一套骗人的假话。楚怀王最终听信了郑袖的话，又放走了张仪。这时屈原已被疏远，又不在朝廷做官，出使到齐国，回来后问楚怀王："为什么不杀了张仪？"

楚怀王后悔了，派人追赶张仪，没有追上。

从这以后，诸侯联合进攻楚国，楚国大败，并杀死了楚国的大将唐眜。

这时秦昭王和楚国通婚，要同楚怀王相见。楚怀王打算去，屈原说："秦国是虎狼一样的国家，不可以相信，不如不去。"

楚怀王的小儿子子兰却劝楚怀王去，表示："为什么要断绝和秦国的友好关系？"楚怀王于是前往秦国。进入武关后，秦国的伏兵截断了归楚的后路，将楚怀王扣留，要挟割让土地。楚怀王很生气，不答应，逃到赵国，赵国不敢接纳，他又回到秦国，最终死在秦国，尸体被运回（楚国）埋葬。怀王的大儿子顷襄王继位做国君，任用他的弟弟子兰做令尹。

楚国人都抱怨子兰，因为是他劝说楚怀王去秦国却未回来，屈原也痛恨他。

令尹子兰听说屈原愤恨他的事后很生气，马上派上官大夫在顷襄王面前诋毁屈原，顷襄王听了很生气，把屈原放逐出去。

屈原与渔夫

　　屈原走到汨罗江畔，披散着头发沿着岸边边走边吟唱，脸色憔悴，形体和容貌都像干枯的树木一样。一个渔夫看见他就问："您不是三闾大夫吗？为什么来到这里？"

　　屈原说："全世界混浊却只有我一人清白，大家都醉了却只有我一人清醒，因此被放逐。"

　　渔夫说："聪明贤哲的人，不被事物拘束，而能顺随世俗的变化。全世界都混浊，为什么不顺着潮流推波助澜？众人都醉了，为什么不一同吃那酒糟喝那薄酒？为什么要保持高尚的节操志向，却使自己被放逐呢？"

　　屈原说："我听说，刚洗过头的人一定要用手弹去冠上的灰尘，刚洗过澡的人一定要抖掉衣服上的尘土。一个人，谁又能用清净洁白的身体，去受脏物的污染呢？（我）宁愿跳入江中，葬身鱼腹，又怎能用高尚纯洁的品德，去蒙受世上的尘垢呢？"于是屈原写下《怀沙》，便抱着石头，跳进汨罗江中。

屈原投汨罗江

屈原死了以后，楚国还有宋玉、唐勒、景差一些人，都爱好文学，他们擅长写赋，受到人们的称赞，然而都使用委婉文辞，始终没有人敢于直谏。从这以后，楚国一天比一天弱小，几十年后，终于被秦国所灭。

求索——郭谦篆书作品

结语：屈原作品中的"求索"与他现实生活中探求国政民生是一致的。这种求索精神是屈原思想的主体，也是中华民族赖以生存和发展的精神支柱，一个民族，没有伟大的精神和高尚的品格，不可能自立于世界民族之林。黑格尔曾说："民族精神是认识自己和希求自己的神物。"中华民族精神内涵丰富，博大精深，概括地说是以爱国主义为核心的团结统一精神，其支撑点是自强不息的开创精神、艰苦奋斗的自立精神。

"求索"，就是要上下求索为今用，左右求索为中用，只有这样不断地进行纵横求索、不断地改革创新，才能推动社会的进步和国家的强盛。我们在走向未来的征程中，在经济建设、社会发展、科学探索等各个领域，都要努力用屈原的创新和求索精神来鼓舞和引导。求索是一个民族的灵魂，是一个民族兴旺发达的必由之路。

张骞精神——不畏艰险

张骞像

导语： 张骞作为第一个走向世界的中国人，有着非同寻常的胆识和魄力。他代表西汉朝廷出使过两次西域和一次西南夷，在联合西域诸国共同抗击匈奴侵扰，开通东西方经济文化交流的通道——丝绸之路，促进统一的多民族国家形成和发展等方面，都有着不可磨灭的功绩。张骞建立的功业是汉武帝时期西汉社会政治、经济发展的必然要求，同时也和张骞自身所具有的优良品德密切相关。张骞精神，指敢于冒险、不畏艰难、不怕吃苦、百折不挠、不达目标誓不罢休的精神和不辱使命的民族气节，以及诚实、厚道、正义、求实的优良品质。两千多年来，张骞的精神和功绩一直为世人所称颂，他也成为中西方人民广泛认同的开拓进取的典范。

正文：

汉武帝刘彻登基时，汉朝正在准备进行一场抗击匈奴的战争。一个偶然的机会，汉武帝从一个匈奴俘虏口中了解到，西域有个大月氏国，其王被匈奴单于杀死，他的头颅还被制成了酒器。月氏人忍受不了匈奴的奴役，迁徙到天山北麓的伊犁河流域，又受乌孙国的攻击，只好再向西南迁到妫水（今属阿姆河）流域。月氏人跟匈奴有仇，想要报复，就是力量不够。

汉武帝想，月氏既然在匈奴的西边。汉朝如果能跟月氏联合起来，切断匈奴跟西域各国的联系，这不是等于斩断了匈奴的一条胳膊吗？

于是，他下了一道诏书，征求能人出使月氏去做联络。当时谁也不知道月氏国在哪儿，也不知道有多远，要接受这个任务，需要很大的勇气。

有个年轻的郎中（官名）叫张骞，他觉得这是一件有意义的事，首先应征。有他带头，别人的胆子也大了，有一百名勇士前来应征。有个在长安的匈奴族人叫堂邑父，也愿意跟张骞一块儿去找月氏国。

公元前138年，汉武帝封张骞为使臣，带着一百多人出发去找月氏国。一路上困难重重，但他们信心坚定，不顾艰辛，冒险西行。当他们来到河西走廊一带时，被占据此地的匈奴骑兵发现，张骞和随从一百多人全部被俘。

张骞出使西域

匈奴单于知道了张骞西行的目的之后，自然不会轻易放过他们，于是把他们分散，让他们去放羊牧马，并由匈奴人严加管制，还给张骞娶了匈奴女子为妻，一是监视他，二是诱使他投降。但是，张骞坚贞不屈，虽被软禁放牧，度日如年，但他一直在等待时机准备逃跑，以完成自己的使命。

整整过了十个春秋，匈奴才放松了看管。一个月黑之夜，张骞一行趁匈奴不备，逃离出来。由于他们仓促出逃，没有准备干粮和水，一路上常常忍饥挨饿，干渴难耐，随时都会倒在荒滩上。好在堂邑父射得一手好箭，沿途常射猎一些飞禽走兽，饮血解渴，食肉充饥，才摆脱了死亡的威胁。

这样，他们一直奔波了好多天，终于越过沙漠戈壁，翻过冰冻雪封的葱岭（今帕米尔高原），来到了大宛国（今费尔干纳）。大宛王早就听说汉朝是一个富饶的大国，听说汉朝使者来到喜出望外，在国都热情地接见了张骞。他请张骞参观了大宛国的汗血马。

在大宛王的帮助下，张骞先后到了康国（今撒马尔罕）、大月氏、大夏（今阿富汗北部）等地。但是，大月氏的国情已发生了很大变化。他们迁到妫水流域后，征服了邻国大夏，决定在此安居乐业，不想再跟匈奴打仗。同时，月氏人认为汉朝离自己太远，不能联合起来共击匈奴。张骞虽未能完成与大月氏结盟夹击匈奴的使命，却获得了大量有关西域各国的人文地理知识。

张骞在大夏等地考察了一年多，于公元前128年启程回国。归途中，张骞为避开匈奴控制地区，改道向南。他们翻过葱岭，沿昆仑山北麓而行，经莎车（今新疆莎车）、于阗（今新疆和田）、鄯善（今新疆若羌）等地，进入羌人居住地区。途中又为匈奴骑兵所获，被扣押了一年多。

公元前126年，匈奴内乱，张骞带着妻子和堂邑父等三人乘机逃回汉朝。张骞自请出使西域，历时十三年，历经艰险，足迹遍及天山南北和中亚、西

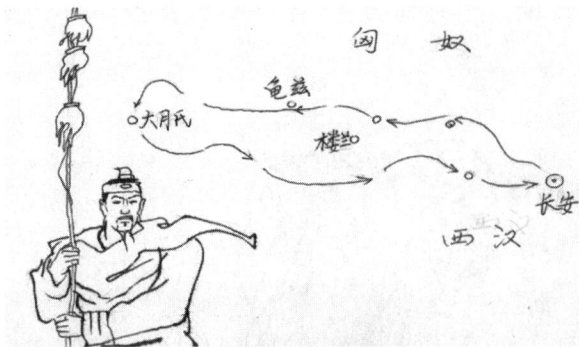

张骞出使西域路线

亚各地，是中原去西域诸国的第一人。

汉武帝详细地听取了他对西域的情况汇报后，十分高兴，任命他为太中大夫，赐堂邑父为奉使君。

张骞在向汉武帝汇报西域各国情况时，专门介绍了听说的一个新国家天竺（今印度）。他说："我在大夏看见邛山（在今四川）出产的竹杖和蜀地(今成都)出产的细布。当地的人说这些东西是商人从天竺贩来的。"他认为既然天竺可以买到蜀地的东西，一定离蜀地不远。

于是，汉武帝又派张骞为使者，带着礼物从蜀地出发，去结交天竺。张骞把人马分为四队，分头去找天竺。四路人马各走了两千里地，都没有找到，有的还被当地的部族打回来了。

往南走的一队人马到了昆明，也被挡住了。这队使者绕过昆明，到了滇越（在今云南东部）。滇越国王的祖上是楚国人，但已经有好几代跟中原隔绝了。他愿意帮助张骞找到去天竺的路，可是出了昆明不久后受阻，还是没能走通。

张骞回到长安，汉武帝认为他虽然没有找到天竺，但是结交了一个一直没有联系过的滇越，也很满意。

后来，大将卫青、霍去病消灭了匈奴主力，匈奴逃往大沙漠北边以后，西域一带许多国家看到匈奴失了势，都不愿意向匈奴进贡纳税。汉武帝趁这个机会再派张骞出使西域。公元前119年，张骞和他的几个副手，拿着汉朝的旌节，带着三百个勇士，每人两匹马，还带着共计一万多头的牛、羊和黄金、钱币、绸缎、布帛等礼物去结交西域。

张骞到了乌孙（在今新疆境内），乌孙王出来迎接。张骞送了他一份厚礼，建议两国结为亲戚，共同对付匈奴。乌孙王只知道汉朝离乌孙很远，可不知道汉朝的兵力有多少。他想得到汉朝的帮助，又不敢得罪匈奴，因此乌孙君臣对共同对付匈奴这件事商议了几天，还是决定不下来。

张骞恐怕耽误日子，打发他的副手们带着礼物，分别去联络大宛、大月氏、于阗等国。

乌孙王还派了几个翻译帮助他们。

副手们去了好些日子还没回来，乌孙王就先送张骞回到长安。他派了几十个人跟张骞一起到长安参观，还送了几十匹高头大马给汉朝。

汉武帝见了他们很高兴，待瞧见乌孙王送的良马就更高兴了，因此格外优待乌孙使者。

过了一年，张骞害病死了。张骞派到西域各国去的副手陆续回到长安。他们一共去过三十六个国家。

从此，汉武帝每年都派使节去访问西域各国，汉朝和西域各国建立了友好交往。西域派来的使节和商人也络绎不绝。中国的丝和丝织品，经过西域运到西亚，再转运到欧洲。后来，人们把这条路称作"丝绸之路"。

张骞出使西域，广泛接触到了西域各国的风土人情，西域各国的音乐、舞蹈、绘画、雕塑、杂技也随之传入中国，使汉朝与西域各国在文化上建立了沟通交流，天山南北第一次与中原连成一体，促进了西域社会的进步，丰富了中原的物质文化生活。八百多年后，唐朝的玄奘法师经丝绸之路到达天竺，并将佛教经典带回中国，丝绸之路再一次为中外文化交流做出了贡献。张骞开通西域的事迹，也成为后世文人墨客创作时争相采用的题材，他们留下了与张骞相关的大量不同题材的文学作品，甚至有的地方，人们把他的事迹加以神话，广为传颂，成为中华文化不可分割的一部分。

历经二十余载艰难坎坷，张骞开通了中国通往西亚直至欧洲的坦途——"丝绸之路"。这直接促进了中国和西方的经济交流。西域的葡萄、核桃、苜蓿、石榴、胡萝卜和良马、地毯等传入中原，促进了汉族的经济发展。汉族的铸铁、开渠、凿井等技术和丝织品、金属工具及桃、梨等作物，也传到了西域，促进了西域的经济发展。美国学者劳费尔在《中国伊朗篇》称赞张骞"为人重实际，处理经济事务非常有见地"。

结语： 张骞不仅是中国历史上第一个走出国门的使者，还通过他"宽大信人"、和友邦"结为昆弟"（司马迁语）的外交实践，第一次弘扬了国与国之间平等、诚信交往的外交理念，为中国汉代昌盛和后世的对外开放奠定了坚实的基础，产生了深远的影响。

苏联历史学家毕丘林认为，张骞出使西域、开通陆路丝绸之路，是与哥伦布发现美洲大陆具有同等重要意义的世界性事件，"其在中国史的重要性，绝不亚于美洲之发现在欧洲史上的重要"。张骞不畏艰险、敢于开拓的精神也成为中国乃至世界各国人民积极探索未知领域、积极谋求发展的动力。日本学者桑原武夫认为，"日本这个国家在明治维新之前，就是以中国下西洋的郑和与出使西域的张骞为榜样的"。可以说，张骞精神已经成为全人类共同的精神财富。

司马迁精神——矢志不渝

司马迁像

导语：司马迁是中国古代一个精神贵族，"李陵事件"使他受到了巨大的侮辱——宫刑，但他忍辱负重，在狱中继续完成《史记》。《史记》实录了中国三千多年的历史，成为中国历史上第一部纪传体通史。《史记》第一次把政治、经济、文化各个方面都包容在历史学的研究范围之内，从而开拓了历史学研究的新领域，推动了我国历史学的发展。这种撰史方法为历代史家所采用，影响十分深远。司马迁是联合国教科文组织公布的"世界文化名人"，被尊称为"历史之父"。他矢志不渝、铮铮风骨、刚正不阿的精神被后世景仰。

正文：

公元前145年，司马迁出生于陕西省韩城市。十岁时，随父亲司马谈来到西汉首都长安，向当时著名的古文大师孔安国学习《古文尚书》，向儒学大师董仲舒学习《春秋》。司马迁具有深厚的家学渊源，聪明好问好学，再加上名师授业，启发引导，学业大进。

此时，正是西汉王朝的鼎盛时期，国势强大，经济繁荣，文化兴盛，张骞出使通西域，卫青、霍去病大破匈奴，汉武帝设立乐府……这一切都使年幼的司马迁萌生了立志成材、报效国家的雄心壮志。

司马迁的家族世代都是史官，而史官就有责任实录帝王圣贤的言行，也有责任搜集、整理天下的遗文古事，更有责任通过叙事论人而为当时的统治者提供借鉴。

司马谈在长安当上太史令后，就立志于整理中华民族数千年的历史，试图撰写一部规模空前的史书。但是感到自己年事已高，要独立修成一部史著，无论是时间、精力，还是才学知识都还不够，所以寄厚望于儿子司马迁，希望他能够早日参与其事，最终实现这样一个宏愿。

于是，司马谈让儿子在读万卷书后，开始行万里路。从二十岁开始，司马迁在全国漫游了两年多。他到过江苏和浙江等地，登上过会稽山，参观过大禹治水的遗迹，到访过湖南省宁远县舜的安葬地——九嶷山。然后，他又沿着淮河和泗水北上，到达了山东曲阜，感受了孔子家乡的世俗风情。在山东邹县的峄山，他见到了当年为秦始皇歌功颂德的刻石。在江苏徐州的彭城，他考察了楚汉相争的古战场，对项羽和刘邦的资料进行了详细的搜集和整理。这些为他日后撰写《史记》奠定了基础。

司马迁漫游全国路线

公元前108年，司马迁子承父业，正式当上了太史令，有了充分的条件：阅览汉朝宫廷所藏的一切图书、档案以及各种史料。他一边整理史料，一边参加改历。司马迁主持编写的我国第一部历书《太初历》试行后，公元前104年，司马迁就开始了他人生最伟大的工程——编写《史记》。

公元前99年，汉武帝派将军李广利带兵三万攻打匈奴，几乎全军覆没，李广利逃了回来。汉代名将李广的孙子李陵带着五千名步兵跟匈奴作战。匈奴单于亲自率领三万骑兵把李陵的步兵团团围住。双方酣战之际，李陵因为手下有一个士兵叛变，被匈奴逮住，投降了。

大臣们在朝堂上都谴责李陵贪生怕死、向匈奴投降的行为。司马迁却上奏说："李陵带去的步兵不满五千，他深入匈奴的腹地，打击了几万敌人。虽然打了败仗，可是杀了这么多敌人，也可以向天下人交代了。李陵不肯马上去死，肯定有他的想法，他一定还想将功赎罪来报答皇上。"

汉武帝听了，勃然大怒，认为司马迁是在为李陵辩护，而有意贬低李广利（汉武帝宠妃的哥哥），不由分说，就把司马迁下了监狱。这个案子落到了酷吏杜周的手中，杜周严刑审讯司马迁，司马迁忍受了各种肉体和精神上的残酷折磨，始终不屈服，也不认罪。

司马迁秉烛著《史记》

　　不久，汉武帝杀了李陵全家，判处司马迁以宫刑。宫刑是一种奇耻大辱的刑罚。在狱中，司马迁备受凌辱，本来想一死了之，但他想到父亲临终的嘱咐，为了完成《史记》的写作，忍辱负重，苟活下来，在狱中坚持写《史记》，并写下一段话作为座右铭鼓励自己："人固有一死，或重于泰山，或轻于鸿毛。"

　　公元前96年，汉武帝大赦天下。司马迁出狱后当了西汉朝廷省部级的中书令。这个职位看起来很显赫，但在当时按惯例，是只有宦官才会担任的。实际上，这是对司马迁另一种形式的侮辱。但是，司马迁"两耳不闻窗外事，一心只著圣贤书"。

　　公元前91年，《史记》经过司马迁十三年的艰苦努力，终于完成了。《史记》记载了上自中国上古传说中的黄帝时代，下至汉武帝元狩元年（前122年），共三千多年的历史。司马迁以其"究天人之际，通古今之变，成一家之言"的史识，使《史记》成为中国历史上第一部纪传体通史。

　　《史记》共有130篇，52万多字。全书包括：十二本纪，记录历代帝王政绩；三十世家，记录诸侯国和汉代诸侯、勋贵兴亡；七十列传，记录重要人物的言行事迹，其中最后一篇为自序；十表，就是大事年表；八书，记录各种典章制度及礼、乐、音律、历法、天文、封禅、水利、财用等。

　　《史记》对历史事件真实记录，在称赞汉武帝功德的同时，也斥责汉武帝"内多欲而外施仁义"，汉武帝勃然大怒，将《史记》手稿付之一炬。

　　司马迁有一位好友叫任安，因政治事件被判腰斩。狱吏在搜查其遗物时发现了一封司马迁写给任安的书信——《报任安书》。司马迁在信中告诉任安，他之所以在蒙受奇耻大辱之后还顽强地活下来，就是为了完成《史记》的撰写。后来汉武帝看到了这封信，极其愤怒，再加上一伙宠臣的谗言，司马迁再次受到迫害，不久就去世了。

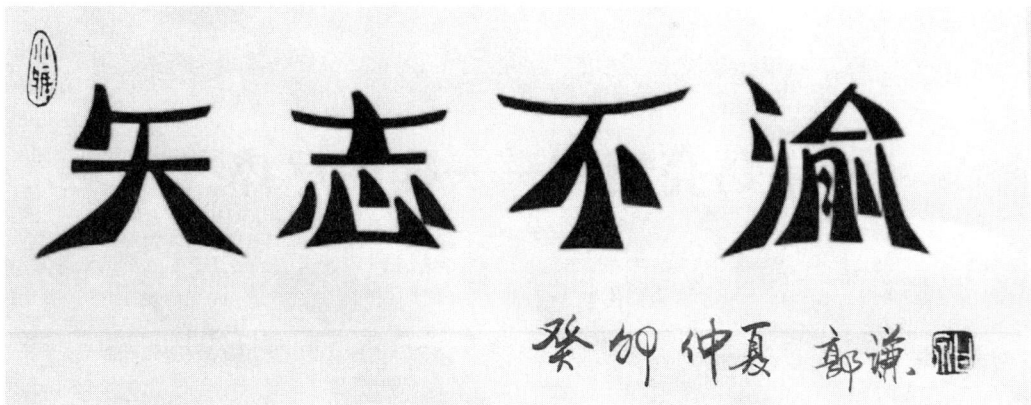

矢志不渝——郭谦蝴蝶体书法作品

　　结语：《史记》对后世史学和文学的发展都产生了深远影响。其首创的纪传体编史方法为后来历代"正史"所传承。同时，《史记》也被认为是一部优秀的文学著作，在中国文学史上有着重要地位，被鲁迅誉为"史家之绝唱，无韵之离骚"，有很高的文学价值。刘向等人认为此书"善序事理，辩而不华，质而不俚"。《史记》与司马光的《资治通鉴》并称为"史学双璧"。

　　我们熟知的英雄有三类：一是保家卫国，驰骋沙场；二是捍卫真理，为之献身；三是成者为王，尊为英雄。然而，历史有两个意外，即项羽和司马迁。项羽失败了，人们仍尊称他为英雄，因为他有英雄的情怀。英雄自古多情，他不肯丢下出生入死的兄弟，放不下朝夕相伴的虞姬，最后不肯过江东而自刎乌江。司马迁为了完成父亲遗愿，以矢志不渝的精神，在狱中坚持著述《史记》，也不失为我们敬佩的英雄！

　　忍辱负重真男儿！司马迁在给任安的《报任安书》中写到他不是怕死，而是以受苦难的人为榜样继续自己的事业。"盖文王拘而演《周易》；仲尼厄而作《春秋》；屈原放逐，乃赋《离骚》；左丘失明，厥有《国语》；孙子膑脚，兵法修列；不韦迁蜀，世传《吕览》；韩非囚秦，《说难》《孤愤》；《诗》三百篇，大底圣贤发愤之所为作也。"危难让圣贤们体现出一种常人没有的气概，做出举世瞩目、流芳千古的伟业！

　　中国的历史从来不缺乏创造者，他们在历史的巨钟上猛敲，让后人听到了余音。历史让我们记住了他们，可谁又让我们记住了历史？司马迁用他的精神、执着让后人记住了历史，也记住了《史记》这本巨著背后那曾受宫刑的他。司马迁矢志不渝的精神令后人敬佩不已，至今仍值得我们传承和发扬！

诸葛亮精神——鞠躬尽瘁

诸葛亮肖像

导语： 一千八百多年前，诸葛亮从襄阳走上历史舞台，他殚精竭虑，匡扶刘备建立蜀汉政权，辅佐刘禅巩固帝业，其"鞠躬尽瘁，死而后已"的精神，是后世的楷模。中国历朝历代的宰相，加起来可能有数千人，其中建有功业、能称之为名相者屈指可数。在这其中能长期得到世人称颂而又为广大百姓所熟悉认同的，恐怕很少有人能赶上诸葛亮的。诸葛亮可谓"千古名相第一人"。

正文：

东汉末年，群雄割据，诸侯并起，天下纷争。

官渡之战后，曹操打败了刘备，刘备只得投靠刘表。曹操为得到刘备的谋士徐庶，就谎称徐庶的母亲病了，让徐庶立刻去许都。徐庶临走时告诉刘备，南阳卧龙岗有个奇人叫诸葛亮，如果能得到他的帮助，就可以得到天下。

刘备三顾茅庐

于是刘备就和关羽、张飞带着礼物，到卧龙岗去拜访诸葛亮。谁知诸葛亮刚好出游去了，书童也说不准什么时候回来。刘备只好回去了。

过了几天，刘备和关羽、张飞冒着大雪又一次来到诸葛亮家。刘备看见一个青年正在读书，急忙过去行礼。那个青年是诸葛亮的弟弟，他告诉刘备哥哥被朋友邀走了。刘备非常失望，只好留下一封信，说渴望得到诸葛亮的帮助，平定天下。

转眼过了新年，刘备选了个好日子，又一次来到隆中。这次，诸葛亮正好在睡觉。刘备让关羽、张飞在门外等候，自己在台阶下静静地站着。过了很长时间，诸葛亮才醒来，刘备向他请教平定天下的办法。

诸葛亮给刘备分析了天下的形势，说："北让曹操占天时，南让孙权占地利，将军可占人和，拿下西川成大业，和曹、孙成三足鼎立之势。"刘备一听，非常佩服，请求他相助。诸葛亮答应出山。那年诸葛亮才二十七岁。

于是"三顾茅庐"的佳话让一代伟人、杰出的政治家、军事家——诸葛亮登上了历史舞台。

三国时期，群雄角逐，人才辈出，而诸葛亮更是"逸群之才，英霸之器"。他给予这世间的不仅是一种赏心悦目的装点，更是一种人生、一种气概、一种精神。《三国演义》中的诸葛亮是一个身披八卦衣、手持白羽扇的神秘人物。他一出草庐就火烧博望坡、火烧新野城、草船借箭、借东风等，用兵如神。其实历史上的诸葛亮不像《三国演义》渲染的那样。历史上的诸葛亮是一个文质彬彬的儒生，有智谋、熟兵法，也精通法家、墨家等学说。

自刘备兵败东吴，病逝白帝城后，蜀汉的锐气大挫，刘备托孤于诸葛亮。诸葛亮一心复兴汉朝，开始恢复蜀汉的国力。他依法治国，以身作则，以信取于民心，修都江堰、栈道，开荒地，培育人才。魏国是九品中正制度，依然任用官僚子弟，而在蜀国，有才无论出处，诸葛亮必用，有功必赏，有罪必罚。蜀国出现董允、费祎、蒋琬、王平、张凝、张翼、姜维等人才。

诸葛亮南征，七擒七放孟获，少数民族对他更是崇拜有加。诸葛亮回到成都后，他知道如果不思进取，只求安保，魏国一旦恢复强大，蜀国就会灭亡，于是他含泪写下了千古一表《出师表》。《出师表》为历代的文人雅士所追捧。

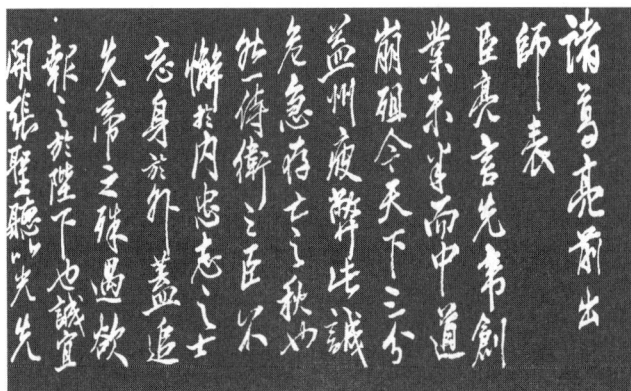

诸葛亮《出师表》局部

诸葛亮挥泪斩马谡

诸葛亮的管理制度强调的是有贡献一定要奖励，有失误一定要处罚，无论关系亲疏。最典型的例子便是挥泪斩马谡。

马谡是诸葛亮非常欣赏的人才，曾在诸葛亮南征中提出"用兵之道，攻心为上，攻城为下；心战为上，兵战为下，但服其心"的建议，诸葛亮采纳并实施，"七擒七纵"孟获，出现了"南人不复反矣"的安定局面。而在向北伐魏、试图统一全国时，身为参军的马谡违反了诸葛亮的调度，私自在山上扎营，结果被数倍于己的魏国军队打败，丢失街亭。街亭的丢失，让蜀汉军队丧失了继续前进的机会。

诸葛亮为了严肃军纪，下令将马谡斩首示众。要斩掉曾为自己器重赏识的将领，诸葛亮心如刀绞；但若违背军令，免他一死，又将失去众人之心，无法实现统一天下的宏愿。于是，他强忍悲痛，让马谡放心去死。这让全军将士无不为之震惊和服膺。

蜀魏交战，相持于五丈原。蜀使至魏军营中，司马懿不问军事只问饮食起居。当他听说诸葛亮黎明即起，深夜才睡，罚二十军棍以上的事，都要亲自过问时，便断定说："亮将死矣。"

过度的疲劳，严重损害了诸葛亮的身体；沉重的压力，又使他吃不下饭，睡不着觉。诸葛亮曾上表致刘禅云："臣受命之日，寝不安席，食不甘味。"公元23年，诸葛亮病逝于五丈原，倒在了北伐途中，享年五十四岁。诸葛亮实现了他的诺言——鞠躬尽瘁，死而后已。

鞠躬尽瘁——郭谦蝌蚪文书法作品

结语： 几乎所有的历史名人，在他们生前，人们对之或褒或贬；死后，随着历史的复杂演进，其所受毁誉也多有变化。唯有诸葛亮，终其一生备受赞叹，死后也尽享美誉，一千八百多年来，国人对诸葛亮的军事才能和忠心，一直是有口皆碑，高山仰止。诚然，人们可以找出诸葛亮的种种失误，但是他鞠躬尽瘁的精神确是永远无法抹灭的。

为了祖国的繁荣昌盛，我们华夏儿女应该学习诸葛亮鞠躬尽瘁的负责到底的精神，尽心、尽力、尽职地为国家的经济、文化发展贡献自己的聪明才智。

关羽精神——义薄云天

关羽像

导语：关羽在中华民族风云变幻的历史长河里，是一个并不显赫的人物，其功勋也不浩大。好事者把许多感人的故事附于其身，如"人在曹营心在汉""挂印封金"等。民间传说和野史逐步把他渲染成一个高大完美的人物，使他走上神坛，成为武圣。纵观历代人们对于关羽的描绘，可以从中概括出一个字，那就是"义"。这个字超过了原先的含义。人们把关羽"义薄云天"的美德与自己的日常生活联系起来，当成了处理朋友、长幼、尊卑、公私、家国及义理之间的某种行为准则。

在剔除了糟粕和虚假之后，我们不仅能看出中国普通百姓对幸福的执着追求和对生活的美好向往，还看到了先民们那些丰富的想象力和创造精神。虽然随着当今人类文明意识和科学技术的飞速发展，人们不再迷信于"天神"保佑。但"关公精神"作为一种民族文化遗产和民间习俗，仍然需要我们保护和继承。

❀ 正文：

关羽，字云长，河东解良（今山西运城）人，三国时期蜀国名将。

少年时的关羽勇武有力，疾恶如仇。传说他靠卖豆腐为生，因打抱不平，杀死恶霸，为逃命案，流落到涿郡（今河北涿州市）。在那儿，他结识了刘备（西汉景帝之子中山靖王刘胜的后代）和张飞，三人志同道合，桃园结义，结拜为异姓兄弟。三人组织了一支武装力量，加入了进攻黄巾军的行列，从此关羽开始了他的戎马生涯。

桃园三结义

黄巾军打到涿郡，他们配合官兵出动抵抗，首战告捷，立了大功。接着，他们离开涿郡，前去投奔正在广宗（今河北广宗县）围攻黄巾首领张角的中郎将卢植。不久，卢植遭诬陷被押回京师，他们便决定返回涿郡。归途中，遇到黄巾军正在追击接替了卢植职务的董卓。关羽和张飞带领一支人马，突如其来地向黄巾军横杀过去，救了董卓。刘备后来投奔幽州军阀公孙瓒，因屡立战功而任平原相，关羽和张飞担任了别部司马。他们三人"寝则同床，恩若兄弟"，关羽和张飞终日侍立刘备左右，保护刘备。

建安元年（196年），曹操奉迎汉献帝迁都许昌(今河南许昌东)后，独掌军政大权，总揽朝政，皇帝成为傀儡。

建安三年（198年），刘备被吕布打败，投靠了曹操。曹操表举他为左将军，拜关羽为中郎将。这时车骑将军董承接受皇帝衣带诏，与刘备及长水校尉种辑、将军吴子兰、王服等人，密谋除掉曹操。

建安四年（199年），刘备恐曹操猜忌，欲伺机脱离曹操控制，趁右将军袁术溃败，主动请求跟大将朱灵前去截击袁军。曹操的谋士程昱、郭嘉、董昭等认为，不该放走心怀叵测的刘备，曹操立即派人去追，但已追不上了。

年底，刘备杀死徐州刺史车胄，以关羽代理下邳太守，自屯兵小沛，招兵买马，扩充实力，与朝中反曹势力遥相呼应。刘备的部队很快发展至数万人，又派使者与袁绍媾结联盟，形成对曹操的严重威胁，并且击败了前来讨伐的司马长史刘岱和中郎将王忠。

刘关张三英战吕布

建安五年（200年）正月，车骑将军董承等企图刺杀曹操的计划泄露，董承、王服、种辑皆被曹操屠灭三族，唯独参与密谋的刘备侥幸逃脱出京，而且势力越来越大。因此，曹操决定亲自征讨刘备。刘备率领徐州兵马仓促应战，被曹军击溃，刘备妻子被俘，刘备则逃到邺城（今河北临漳）投奔了袁绍。接着曹操攻陷了下邳，关羽想救刘备妻小，被迫降了曹操。

曹操赞赏关羽的为人，拜其为偏将军，礼遇甚厚。不久却觉察关羽心神不定，无久留之意，便对与关羽关系甚好的张辽说："卿试以情问之。"张辽去问关羽，关羽叹息道："我知道曹公待我很不错，但我受刘备将军的厚恩，曾发誓同生死、共患难，我不可以违背诺言。最终不会久留此地，但我一定会为曹公效力，立下大功以报答曹公，之后，我才会离去。"张辽将关羽的这番话转告曹操，曹操听后，不但没有怨恨关羽，反而认为他有仁有义，更加器重他。

建安五年，官渡之战爆发。冀州牧袁绍调动十多万人马进军黎阳(今河南滑县)，征伐曹操，并派大将颜良进围白马，东郡太守刘延告急请援。曹操派张辽、关羽为先锋，率部迎战。关羽跃马阵前，远远望见颜良麾盖，直冲过去，在万众之中刺死颜良，斩其首级而归，袁绍诸大将没有一个人能阻挡关羽。曹操命令大军冲杀，袁军大败溃散，遂解白马之围。

之后，曹操更加赞赏关羽的勇武，重赏于他，并封他为汉寿亭侯，想留住关羽为其效命。而关羽把曹操屡次给他的赏赐都封存妥当，把汉寿亭侯的印绶挂在堂上，给曹操写了封告辞信，护着刘备的妻子，离开曹营，到袁绍军中寻找刘备。曹操的将士听说后，要去追赶捉拿关羽。曹操对手下说："他是各为其主，别追了。"

关羽过五关斩六将

从关羽被曹操所擒，到他立功报曹，又重新投奔刘备，他的事迹很多：曹操厚待关羽，小宴三日，大宴五日；曹操赠袍，关羽穿于里边，外边用刘备所赐旧袍罩之，他不以新忘旧；曹操赠赤兔马，关羽拜谢，以为乘此马可一日而见刘备；关羽斩颜良、诛文丑；挂印封金；千里走单骑，过五关斩六将；古城兄弟相会；等等。由于《三国演义》的宣扬和夸张，关羽"义"的形象更加完美高大，在中国，很少有人不知道这些故事。而真实的历史中关羽的行为也确实彰显了义薄云天的精神。

郭谦图腾体书法作品

关羽不仅对结义兄弟刘备讲义气，对敌对的领袖曹操也很讲义气。曾为曹操斩杀颜良、诛文丑，立下军功来报曹操的知遇之恩，后来又在赤壁之战中，在华容道上放曹操，救了曹操一命。

结语： 关羽在其近六十年的人生中，策马横刀，驰骋疆场，征战群雄，辅佐刘备完成三分鼎立大业，谱写出一曲令人感慨万千的人生壮歌。关羽的一生充满传奇，以忠义、仁勇名冠天下，是中华民族的道德楷模。数千年来备受海内外华人推崇敬仰，成了中国封建社会后期上至帝王将相、下至士农工商广泛顶礼膜拜的神圣偶像。关羽去世后逐渐被神化，被民间尊为"关公"，历代朝廷也多有褒封，清代封为"忠义神武灵佑仁勇威显关圣大帝"，崇为"武圣"，与"文圣"孔子齐名。

中国进入近现代社会之后，人们将能与朋友同甘苦、共患难作为交往时的一种道德标准，把关羽视为偶像和楷模。尤其在旅居海外的华人那里，对于关公的祭祀、崇拜热潮不减，关羽"义"的精神成为中华文化史上一道独特的风景。

保护和继承中华民族优秀道德传统，增强海内外华人对民族文化的认同感，是关公精神和关公文化在当代社会中所具有的新价值和新作用。

王羲之精神——滴水穿石

王羲之像

导语：在书法史上，王羲之是一位富有革新精神的大书法家，在历史上被誉为"书圣"。王羲之早年师从卫夫人学书法，后改变初学，草书学张芝，楷书学钟繇，在书法上达到了"贵越群品，古今莫二"的高度。中晚年时，他不满当时用笔滞重、结体稚拙的局面，锐意改革，书风大变。他对楷书的结构、点画等加以变革，使楷书趋于匀称俊俏，挺拔多姿；他开创了今草，其草书用笔多变，流畅而富有韵致，比起前人有了质的飞跃；他的行书婉转灵动，俊逸妍美，从此行书与篆隶楷草并列。

正文：

王羲之，字逸少，号澹斋，东晋人。他从小就喜欢写字，七岁时字已经写得很端正了，十二岁时他在父亲的藏书中发现一本前人写的《笔论》，便悄悄地拿出来认真阅读。父亲发觉后，恐他看不懂，就对他说："等你长大了，我会给你看的。"王羲之跪拜说："现在就让孩儿看这书，就教孩儿书法吧。"他父亲高兴地说："好吧，但你一定要记住，学书法不能局限于笔端纸墨之间，更重要的是要研究写字与做人的学问。只有人品高尚，书法才能超凡入圣。"王羲之牢记父亲的教导，日夜阅读各种经书和《笔论》，勤学苦练。他每日坚持不懈地临池书写，就池洗砚，时间长了，池水尽墨，人称"墨池"。

长大以后，王羲之的字写得相当好了，但他仍然坚持每天练字。

有一天，他聚精会神地在书房练字，连吃饭都忘了。丫鬟送来了他最爱吃的蒜泥和馍馍，催着他吃，他好像没有听见一样，还是埋头写字。丫鬟没有办法，只好去告诉他的母亲。夫人和丫鬟来到书房的时候，看见王羲之正拿着一个沾满墨汁的馍馍往嘴里送，弄得满嘴乌黑。她们忍不住笑出了声。

王羲之研究书法废寝忘食

原来，王羲之边吃边练字，眼睛还看着字的时候，错把墨汁当成蒜泥蘸了。夫人心疼地对王羲之说："你要保重身体呀！你的字写得很好了，为什么还要这样苦练呢？" 王羲之抬起头回答说："我的字虽然写得不错，可那都是学习前人的写法。我要有自己的写法，自成一体，那就非下苦功不可了。"

经过数十年日复一日的艰苦摸索，王羲之能写得一手漂亮的隶书、篆书、行书。其字飘逸而端庄，直率而蕴藉，自然生姿，又给人以静美之感，被赞为"飘若浮云，矫若惊龙"。

王羲之《兰亭集序》

王羲之凭借"滴水穿石"的精神不仅在书法上达到了千古独秀，在文学上的造诣也达到了高峰。他的作品《兰亭集序》书里的文和字皆好。王羲之所在的东晋时期是一个文学审美"形式大于内容"的时代。当时流行骈文，可他偏偏打破了骈俪文风，采用骈散一体，在形式上有所创新。

《兰亭集序》开头简单交代了事件发生的时间、地点和环境后，又轻描淡写地描写了崇山峻岭，茂林修竹，以及清澈的水流。没有刻意去选择山间繁花盛开的画面，只写山峦、竹林这种能够代表君子形象的东西。文风自然潇洒，一如"曲水流觞"这项活动的本身。从他对描写对象崇山、修竹、清溪的挑选，以及骈散结合、散句为主的写法来看，文章呈现出了一股"竹林之风"，贯彻始终。这篇文章好在坦诚的心胸和自然潇洒的落笔，不矫饰，不造作，写出了真情实意。经典句子频出，朗朗上口，深得历代文人喜爱、赞赏和追慕。

王羲之书写《兰亭集序》

唐太宗李世民不仅广泛收集王羲之的书法，还亲撰《晋书·王羲之传》，将王羲之提到了书坛第一位。尤其是后来《兰亭集序》殉葬昭陵的故事，更是为王羲之的书法蒙上了一层神秘色彩，北宋的《淳化阁帖》中"二王"的作品几乎占了一半，王羲之也被誉为"书圣"。

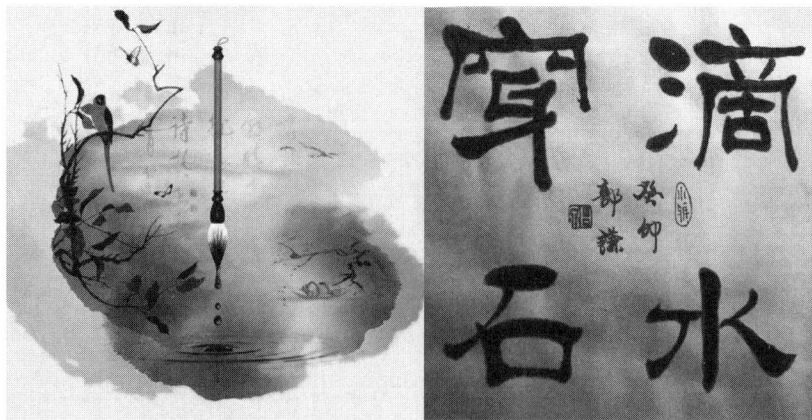

滴水穿石——郭谦隶书作品

结语：王羲之的成功靠的是滴水穿石的精神，是持之以恒地追求心中的目标，不停息地去做。水滴的力量是微不足道的，但目标专一、持之以恒，就能把石块滴穿，形成景观。如果我们也能像王羲之那样，就不用愁有什么做不成的事情了。

我们只有铭记王羲之"滴水穿石"的精神给予我们的启示，目标专一而不三心二意，持之以恒而不半途而废，才能够实现我们自己美好的理想。

李白精神——不摧眉折腰

李白像

导语： 唐朝是中国封建社会繁荣昌盛的顶峰。其时，经济繁荣，政治稳定，唐玄宗招揽贤俊，广开言路，调动了文人士大夫的积极性，人才辈出。在这样的盛世中，李白如一轮出海的明月，以其锋利迫人的锐气锋芒，飘逸豪放的笔致，铺展了盛唐的精神气象。李白是盛唐精神的产物。时代造就了李白，李白弘扬了唐音。李白成为时代精神的代表，他不摧眉折腰的精神与名山大壑彼此欣赏的自信和骄傲构成了其独特的高风亮节，他对理想人生的执着追求及绝不屈服的英雄主义展示了其豁达的精神力量！

正文：

唐玄宗开元年间，为盛唐时期，也是诗歌创作的鼎盛时期。这一时期出现了一位浪漫主义的大诗人李白，一位现实主义的大诗人杜甫，他们是辉映诗坛的两颗巨星。

李白少年时便显露才华，"十岁通诗书""十五好剑术""三十成文章"（三十岁时以诗文知名天下）。二十五岁那年，李白离开四川，顺长江东下，先到达江陵，拜访了八十高龄的国师司马承祯。司马承祯是武则天、唐睿宗、唐玄宗三朝皇帝崇拜的著名道人。李白当着司马承祯的面，写了一篇《大鹏赋》，文中，李白表达了自己欲与天公比高的凌云壮志。他不愿做蓬莱岛上只知夸耀"金衣与菊裳"的黄鹄，也不愿做只会炫耀"彩质与锦章"的玄凤；"勤于衔木"的精卫……他只想做一只"上摩苍苍，下覆漫漫"的大鹏鸟，"喷气则六合生云，洒毛则千里飞雪""斗转而天动，山摇而海倾；怒无所搏，雄无所争"……不难看出，初出茅庐的李白满怀豪情，充满了一飞冲天、大展宏图的渴望。这篇文章获得了司马承祯的高度赞誉。

很快《大鹏赋》被传开，李白引起了湖北一带达官贵人的注意，孟浩然等许多名士与他交友，他也被前宰相许圉师招为上门女婿，一封自我推荐信

李白《大鹏赋》传扬天下

《与韩荆州书》成了当时盛传的散文佳作。

名满四海的李白，天宝元年（742年）奉诏来到京都长安。当时任秘书少监的诗人贺知章得知李白到了长安，亲自到旅舍去看望李白。他读了李白的诗作《蜀道难》后，赞叹道："这是一个从天上贬谪下来的仙人啊！"从此"谪仙"这个称号不胫而走，李白也被人们称作"谪仙""诗仙"。

李白进宫后，唐玄宗很高兴，封他为翰林供奉。据说，唐玄宗曾亲自走下台阶迎接李白，还亲手为李白调制羹汤。出于信任，他还让李白参与起草诏书的工作。

唐玄宗只是希望李白能成为宫廷的御用文人，为太平盛世作些诗文点缀。但李白是一个有远大抱负的人，初进宫时，他对政治了解不多，奉命写了不少歌颂升平的诗，不久他的思想就有了变化。天宝年间，朝廷政治已由盛转衰，朝廷中的有识之士都在担忧时政，担心发生叛乱。李白对此也是有认识的。

李白的个性孤傲狂放，喜好饮酒，常喝得酩酊大醉。杜甫曾在一首诗中这样描述他："李白一斗诗百篇，长安市上酒家眠，天子呼来不上船，自称臣是酒中仙。"这样的个性使他很难被朝中的权贵容忍。据说，他得罪了唐玄宗最信任的太监高力士，高力士故意歪曲他写的诗《清平调》，使杨贵妃对他心生忌恨，最后连唐玄宗也疏远了他。

李白既有追求功业的理想，又有不屈服于权势的人格独立之精神。他在与朝廷权贵交往的三年中始终坚持"不屈己、不干人""平交王侯"，正如

李白醉酒在诗中所说："昔在长安醉花柳，五侯七贵同杯酒。气岸遥凌豪士前，风流肯落他人后。"（《流夜郎赠辛判官》）

李白让高力士脱靴

三年的翰林供奉使李白初步认识到统治集团的腐朽和现实政治的黑暗，李白藐视权贵，不屈服，不攀附，民间曾流传着"力士脱靴""贵妃捧砚""御手调羹""龙巾拭吐"等故事。他写出一些抒发愤懑、抨击现实的诗篇，这也使他招致了权臣的谗毁。在这种情况下，李白上书请还，离开了长安。

天宝十四年（755年），安史之乱爆发。洛阳、长安先后沦入乱军之手，唐玄宗仓皇逃向四川，唐肃宗在灵武即位。逃难途中，唐玄宗又任命他的第十六子永王李璘为江陵大都督，要永王招兵买马抵抗叛军。

那时，李白正避乱隐居在庐山。永王东下经过浔阳（今江西九江），得知李白在此，便派人请他加入自己的幕府。出于一片爱国热情，李白立刻答应了，并一连写了十一首《永王东巡歌》赞扬永王。

可是唐肃宗并不信任永王，认为他出师东巡是割据江南，便调动兵力准备消灭永王。永王大怒，发兵进攻，将士们纷纷脱离，永王最终兵败自杀。李白也因"附逆"（附靠叛逆之臣）被判死刑。多亏郭子仪等人相救，李白被改判流放夜郎（今贵州正安西北）。还没到夜郎，朝廷宣布大赦，李白又返回四川。

李白的晚年是在安徽当涂度过的，他的族叔李阳冰在那儿做县令。唐代宗即位后，下诏拜李白为左拾遗。诏书还没到，李白便离开了人世，那一年他六十二岁。

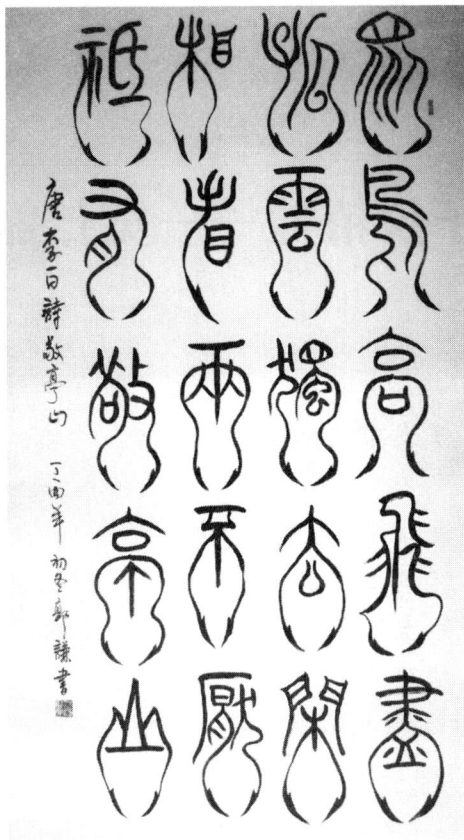

李白诗：独坐敬亭山——郭谦剪刀篆书法作品

结语：李白现存的诗有一千多首，其中很大一部分是他对祖国大好河山的歌颂。这些山水经过他夸张的描绘，想象奇特的渲染，显得大气磅礴，出神入化。他还写了不少反映人民生活、抨击黑暗政治的诗。他善于从民歌、神话中汲取营养、收集素材，经过他丰富而奇特的想象，他的作品具有雄奇豪放的风格、瑰丽绚烂的色彩。他被认为是自屈原后最伟大的浪漫主义诗人，他的诗篇开创了中国浪漫主义诗歌的新高峰。他的不少作品成为千古传诵的佳作，如《蜀道难》《静夜思》《早发白帝城》等。李白在诗歌创作上的伟大成就，是很难用几句话来描述的，也许只有杜甫的"笔落惊风雨，诗成泣鬼神"最能概括。

李白是一位伟大的浪漫主义诗人，其伟大不仅在于它留给后人许多珍贵的诗歌创作，还在于面对权势不摧眉折腰的精神和学术上追求自由的精神。李白肆无忌惮地嘲笑以政治权力为中心的等级秩序，批判当时腐败的政治现象，以大胆反抗的姿态，推进了盛唐文化中的英雄主义精神。即使到了现当代，我们还可以吸取李白与人平等交往、不媚权贵的清高品质，不结党营私，真心为国家、社会做出贡献。

郭子仪精神——宽仁豁达

郭子仪像

导语： 郭子仪一生历经武则天、唐中宗、唐睿宗、唐玄宗、唐肃宗、唐代宗、唐德宗七位君主，在唐玄宗、唐肃宗、唐代宗、唐德宗四朝为将。在平定"安史之乱"、维护国家统一上多次立下赫赫战功，是军事史上十大福将之一。大唐因他获得长达二十多年的安宁，历史上称赞他"权倾天下而朝不忌，功盖一代而主不疑"。在宦官专权、权臣互相倾轧不止的唐朝，郭子仪有勇有谋、文武双全、忠君爱国、独善其身，在当世乃至后世享有极高的声誉。他能取得如此巨大的成功，取决于他杰出的政治、军事才能，取决于他宽仁豁达的精神和胸襟，也取决于他处世的智慧。

正文：

郭子仪，陕西华州郑县（今陕西渭南华州区）人，祖籍山西汾阳。其父郭敬之，历任绥州、渭州、桂州、寿州、泗州五州刺史。在父亲的教育和影响下，郭子仪从小爱读兵书、练武，无论是读书还是习武都刻苦认真。他身材魁梧、武艺高强、阵法娴熟。传说，二十岁时，他在河东（今山西）服役，曾犯过军纪，按律处斩，在押赴刑场的途中遇见著名诗人李白。

李白见他相貌不凡，凛然不惧，甚感可惜，认定此人将来一定会成为国家的栋梁之材，于是便以自己的官职担保，救了他的性命。郭子仪果然不负所望，参加武举考试后，便获高等补左卫长史（皇帝禁军幕府中的幕僚长）之职。因屡立战功，被多次提升。天宝八年（749年）出任安塞军使，拜左卫大将军。安史之乱爆发的前一年，他已出任天德军使，兼九原太守，朔方节度右兵马使。

当时，唐玄宗专宠杨贵妃，不理朝政，政治十分腐败。边镇的十个节度使拥兵四十九万人，而中央禁军不过十二万人。节度使后来又兼管行政和财政，权力很大，逐渐发展成地方割据势力，终于导致了安史之乱。

番将向郭子仪投降

当时叛军一路南侵，势如破竹，所到之处唐军一触即溃。瞬间，河北、河南诸郡及东都洛阳相继沦陷，最后叛军兵临潼关，直逼长安。眼见唐朝江山岌岌可危，在无人可以御敌的情况下，郭子仪临危授命，率军迎敌。他骁勇善战、用兵如神，于是情势逆转，叛军节节败退，唐军一举收复了云中、马邑等地。郭子仪出师后，一扫安史之乱以来消沉的气氛，使唐朝看到了一丝希望的曙光。

郭子仪率朔方军，在河北打败了史思明，后与回纥联盟收复了洛阳、长安两京，功居平乱之首，晋升为中书令，封汾阳郡王。唐代宗时，叛将仆固怀恩勾引吐蕃、回纥进犯关中地区，郭子仪正确地采取了结盟回纥、打击吐蕃的策略，保卫了国家的安宁。郭子仪戎马一生，八十四岁才告别沙场，天下因他而获得达二十多年的安宁。

虽然郭子仪屡建奇功，但他从不居功自傲，以豁达的胸襟宽厚待人，在朝廷内外有极高的威望。吐蕃、回纥称他为"神人"，皇帝都不直接呼他的名字，甚至有些安史叛将也很尊重他，因为他曾施恩于很多人。安庆绪的骁将田承嗣占据魏州后，蛮横无理，飞扬跋扈。郭子仪派遣自己的一个部将去见他。田承嗣规规矩矩地向郭子仪所在的方向遥望叩拜，指着自己的膝盖对使者说："我这双膝盖，不向别人下跪已有多年了，现在要为郭公下跪。"

郭子仪处处做士兵的榜样。他领兵打仗从不侵犯百姓的利益。当时连年战争，农村经济遭到破坏，农民生活困难，负担很重，筹集军粮非常不易。为了减轻人民的负担，他不顾自己年迈力衰，亲自耕种。在他的带动下，官兵在休战时，一边训练，一边参加农业劳动。在那样动乱的年代，他的驻地却时常五谷丰登、六畜兴旺。

郭子仪率子负荆请罪

他有八子七婿，都是朝廷重要官员。孙子有数十人之多，当孙子来问安时，他都无法分辨谁是谁，只是颔首而已。有一出戏《打金枝》，反映了他家兴旺热闹的场面。戏的故事是郭子仪七十大寿，全家来拜寿，只有他的六儿媳升平公主没到，儿子郭暧气愤之下打了皇帝的金枝玉叶，还斥责道："你依仗皇父就不来拜寿，我父亲还不愿意当皇帝呢！"郭子仪知道此事后，不居功自傲，立即捆绑儿子郭暧去向代宗皇帝负荆请罪。代宗对郭子仪说："儿女闺房琐事，何必计较，老大人权作耳聋，当没听见这回事算了。"郭子仪谢过皇恩，回家后把儿子痛打一顿，小两口又和好如初了。这样无形地消除了君臣隔阂，避免风雨摇摆中的大唐再次陷入危险。

对同事和部下，郭子仪不记个人恩怨，尽力提携，他从不会担心部下升迁快而威胁到自己的地位。他手下有一名大将叫李光弼，安史之乱时，他特地向皇帝肃宗推荐李光弼为河东节度使，并把手下的朔方军一部分人马调拨给李光弼。李光弼在平定安史之乱时独当一面，后来也成为大唐中兴的名将。

仆固怀恩本是郭子仪手下的大将，作战勇猛，在与安史叛军的作战中屡立战功，为收复两京"皆立殊功"，但他脾气不好，如果与郭子仪意见不合，连郭子仪也会骂。然而郭子仪能容忍怀恩对他的不敬。宝应元年（762年）十一月，河朔平定，郭子仪认为仆固怀恩有大功，"请以副元帅让之"，朝廷遂以怀恩为河北副元帅，加左仆射兼中书令、朔方节度使。

即使那些对自己没有多少好感的朝廷同僚，郭子仪也是积极想办法平息对方的怨愤，一再忍让与他们合作共事。肃、代时期，宦官在政治上十分活跃，对于在平叛过程中武将取得的战绩，常常表现出不屑和妒忌。在郭子仪军事上一步步成功的过程中，自然也留下了宦官们嫉功的阴影。乾元时期，郭子仪等九节度讨伐安庆绪，中官鱼朝恩为观军容宣慰使。鱼当面说好话，回京后一通坏话，郭子仪因皇帝召还京师，失去了兵权。代宗即位，内官程元振当权。郭子仪又因宦官的谗言而失去兵权。史朝义占据洛阳时，元帅雍王率师进讨，代宗想让郭子仪当副元帅，鱼朝恩、程元振再次在郭子仪背后捅刀。但郭子仪不计前嫌，依然保持平和、平淡的心情处理人事人际关系。

再如代宗广德元年（763年），羽林军射生将王甫入京城与纨绔子弟数百人交往娱乐，夜间在朱雀街击鼓呼叫，一些民众以为是叛军入城，吓得逃出了长安。之后王甫自称为京兆尹，又聚众二千多人，"暴横长安中"。郭子仪知道此事，进城后首先把王甫捕抓斩首，京城才得以安宁。

唐代宗大历二年（767年）十二月，有人掘了郭子仪父亲的坟墓，可是盗贼却没有抓到。有人怀疑是中官鱼朝恩指使人干的，鱼朝恩一向嫉妒郭子仪，并向皇上屡进谗言，一再阻挠皇上任用郭子仪。郭子仪对于祖墓被毁的原因心里也是明白的。从泾阳回到长安时，朝廷内外都担心郭子仪会发怒，兴师问罪。入朝时，皇帝先提起此事，郭子仪哭奏道："臣长期主持军务，不能禁绝暴贼，军士摧毁别人坟墓的事也是有的。这是臣的不忠不孝，招致上天的谴责，不是人患所造成的。"忧心满怀的公卿大臣听了郭子仪的回奏，都无限钦佩。郭子仪想到的是国家安危，朝廷的安稳远比自己的私事重要。

大历四年（769年）一月，鱼朝恩在自己的章敬寺设宴，邀请了郭子仪。很多部下认为是"鸿门宴"，建议他别去。可郭子仪只带少数家童便前去赴宴，以宽阔的胸怀表明自己对别人没有半点怀疑。这让玩弄权术的鱼朝恩自觉惭愧，因此收敛了不少。

纵观郭子仪的一生，他身上始终有一种宽仁豁达的处世精神，但其宽厚待人之道也并不是无原则的。肃宗宝应元年，朔方等诸道行营都统李国贞治军严格，遭到将士抵触，郭子仪的部将王元振发动兵变，在绛州杀了李国贞。五月，朝廷派郭子仪前去处理。因为郭子仪平素对士兵十分宽厚，王元振想着自己杀了李国贞，郭子仪会奖赏他，郭子仪却说："当临贼境，辄害主将，若贼乘其衅，无绛州矣。吾为宰相，岂受一卒之私邪！"于是将王元振及同谋者四十人全部正法。显然郭子仪的宽厚是有底线的，谁对国家大事不利，即使是心向自己的士兵也是杀无赦。

结语：郭子仪宽仁豁达的精神使他的一生善始善终，无论是当世还是后世，无论是历代王朝统治者还是军事家、历史家，以及平民百姓对郭子仪的评价都相当高。纵观郭子仪的一生，对我们的人生启示是：无论我们在哪个岗位，无论地位高低，我们都要有宽仁豁达的胸襟，才能与身边的人团结共事，一起为国家、社会做出积极的贡献。

范仲淹精神 —— 以天下为己任

范仲淹像

导语：范仲淹是北宋初期杰出的政治家、文学家。著名的《岳阳楼记》就出自他的笔下，文章中的千古名句"先天下之忧而忧，后天下之乐而乐"，意思是为官者应该以国家、民族的利益为重，为祖国的前途、命运担忧分愁，努力造福于百姓，天下百姓幸福快乐了，自己才会快乐，句中表现出作者远大的政治抱负和坦荡的胸襟。此句被后人广为传诵。

正文：

范仲淹，江苏吴县（今江苏苏州境内）人，他两岁丧父，家境贫寒，从小读书十分刻苦。他曾独自离家去附近山上的寺院里读书，累了，用冷水洗脸；饿了，用稀粥充饥。后来，为了进一步深造，他又远赴应天府书院求学。应天府书院是宋代著名的书院，可以免费就学。这里既有名师指教，又有大量的书籍可供阅览，还可以与许多饱学之士切磋学问。范仲淹十分珍惜这宝贵的学习机会，废寝忘食地苦读诗书，钻研学问。

那时，他的学习生活条件极其艰苦，每天只煮一锅米粥，等粥凝冻之后再划成四块，早晚各食两块，把咸菜切成碎末一起食用。这便是成语"划粥断齑"的由来。然而，范仲淹对这种清苦的生活毫不介意。他发愤苦读，每天差不多都是凌晨鸡鸣即起，直到夜半才和衣而眠。据说，他曾五年未解衣就寝。

青年时期范仲淹艰苦求学

一天，范仲淹正在吃饭，一位好友来看望他，发现他的饮食如此之差，心中不忍，就送银子给他改善生活，但他委婉地谢绝了。好友见范仲淹不肯接受银两，第二天便送来许多美味佳肴，盛情难却，范仲淹只好接受了。几天过去了，好友再次来访，看到自己送的东西已经发霉，也没有动过，就有些不高兴地对范仲淹说："你也太清高了，一点儿吃的东西都不肯接受，岂不让人太伤心了！"范仲淹笑了笑说："兄弟，你误会了，我不是不想吃，而是不敢吃。我已经习惯食用粗茶淡饭，担心现在吃了鸡鸭鱼肉，以后就再也咽不下粥和咸菜了。你的好意我心领了，你可千万不要生气啊。"

大中祥符八年（1015年），范仲淹考中了进士，这年他二十六岁。做官后，他清正廉洁，办事公正。范仲淹先在江苏泰州兴化县（今兴化市）当了县令。当时，泰州西溪一带的海堤严重损坏，多年没修，秋天大风暴雨，潮水涌入，原来的沃土渐渐变成了盐碱地，五谷不收，老百姓逃荒要饭、远走他乡的就有三千多户。范仲淹见此惨状，非常痛心，便向朝廷建议修复海堤，为民解忧。此事得到了批准，于是他带领广大灾民开始了治水工程。经过一番艰难困苦的治水大战，全长七十一千米的海堤修成了，逃亡的灾民也陆续返回了家园，百姓得以安居，农业、盐业两受其利。"范公治水"这一举动，深得江海平原的百姓赞誉，修复的海堤也被称为"范公堤"。之后，历代不断维修扩展此堤，由阜宁延伸至吕四，全长大约有三百千米，更加造福于当地百姓。

天宋四年（1026年），母亲谢氏去世，范仲淹为母守丧。其间，虽然他离开了政界，但并没有忘却对社会问题的关注。他一边服丧，一边思索着治国良策，写下著名的万言奏章《上执政书》，纵论国家大事，并于第二年递交给宰相，倡言改革。他勇于负责、敢于担当的精神在青年时期就呈现出来，并影响了宋代士大夫积极推行改革的风气。

天圣五年（1027年），范仲淹升任秘阁校理。出于以天下为己任的责任，他曾几次大胆直言批评章献太后垂帘听政带来的弊端，因此被贬为通判。章献太后去世后，范仲淹又被召入京，任右司谏。

这一年，江淮和京东一带大旱，飞蝗遍野，民心浮动，范仲淹奏请救灾。起初，宋仁宗不理，他便当面质问宋仁宗："如果宫廷之中半日停食，陛下该当如何？"宋仁宗似乎受到触动，就命范仲淹前去救灾。他每到一地，就开仓

范仲淹上疏治国良策

赈济灾民，并免除一些地区的赋税。回朝复命时，他还把灾民赖以充饥的野草带给宋仁宗，意在劝谏皇上了解民情，宫中生活不要过于奢侈。但不到一年，范仲淹又因批评仁宗皇帝废除皇后，被贬到睦州。

景祐元年（1034年）深秋，范仲淹刚转调苏州，又遇暴雨天气，这里地势低洼，河道久未疏通，致使内涝成灾。范仲淹查明情况后，提出"疏五河，导太湖注之海"的整治方案，得到朝廷的批准后，立即动工。范仲淹仍事必躬亲，从严督导，在任两年，从未懈怠，如期完成了治理工程，使素有粮仓之誉的太湖地区免除了水涝灾害，仅苏州一郡，年产稻米就多达七百万石。

景祐二年（1035年），范仲淹良好的政声上达朝廷，他第三次被调回，晋升为国子监，因批评宰相吕夷简用人不当，再次被贬到饶州，可以说是"三出京城"，三起三落。

康定元年（1040年），宋朝与西夏关系日趋紧张，因战事需要，范仲淹被调任为陕西经略副使，协助军事长官韩琦，负责西北地区的军事防务，他亲自到边关延州视察，看到的是一番不容乐观的景象。他向朝廷提出要求，将自己调往边关延州，亲临战场指挥作战，朝廷批准了。到延州之后，他首先抓了边军整训，在精兵的同时，严整军纪，并对边关城塞进行了修复和重建，使边关局势有了很大改善。由于范仲淹守边有功，朝廷又将他提升为观察使，但范仲淹为确保边关万无一失，曾三次辞让观察使之职，受到了边关将士的尊敬和爱戴。

庆历三年（1043年），范仲淹回朝任参知政事（相当于副宰相），这次的升迁，为范仲淹实现自己青年时代改革朝政、富民强国的理想创造了一个良好的条件。这年九月，仁宗皇帝在天章阁召见了范仲淹，范仲淹提出了著名的《答手诏条陈十事》的改革方案，涉及十项改革内容，即明黜陟、抑侥幸、精贡举、择长官、均公田、厚农桑、修武备、减徭役、覃恩信、重命令。这十项内容抓住了北宋真宗和仁宗两朝政治积弊的要害。"庆历新政"方案于同年十月相继颁布实施，首先改革的是官制，后全面展开。

轰轰烈烈的"庆历新政"不到一年的时间，由于触动了保守派官僚的利益，加之准备不足，带来了某些负面影响，在奸臣和宦官的勾结下，很快就以失败而告终，范仲淹因此而被罢免参知政事。

被贬之后，范仲淹先后又在邠州、邓州、青州等地做过地方官。在这期间，他仍然为官清廉。皇祐四年（1052年），范仲淹因病与世长辞，享年六十四岁。徐州是他的出生地，也是归宿之地。范仲淹用自己坦荡的一生，将生命的起点和终点连在了一起，画上了一个蕴含丰富的句号。

范仲淹名作《岳阳楼记》

范仲淹名句：先天下之忧而忧，后天下之乐而乐——郭谦甲骨文书法作品

结语：一千年多年来，范仲淹"先天下之忧而忧，后天下之乐而乐"的情操和"以天下为己任"的精神，一直激励着仁人志士为国家、为人民奋斗不息，成为中华民族宝贵的精神财富和文化瑰宝。在物质文明高度发达的今天，人们越来越感到一种文化的需要、一种精神的需要。这种精神文化就是系统的、充满哲理的"忧患意识""民本思想"与"担当精神"。而"范公精神"正是此博大精深内容的完美结合，对当代仍有着重大的借鉴意义和价值。

王安石精神——"三不足"

导语：王安石是北宋杰出的政治家、思想家、改革家，也是唐宋文学八大家之一。他为官清廉，一生锐意改革积弊成习的朝政，虽然因得不到朝中重臣的支持而功败垂成，但他忧国忧民、不计个人毁誉的精神，仍为后世所推崇。

王安石像

正文：

王安石，字介甫，号半山，谥文，封荆国公，世人又称"王荆公"，北宋抚州临川（今江西抚州）人。

王安石自幼随做地方官的父亲辗转各地，目睹了地方豪强对百姓的欺压和民劳财匮的状况。后来，他到各地任地方官期间，对当时北宋积弊成习的社会现象更有深刻的体会。

在朝廷为官时，他发现北宋王朝在一派繁花似锦的背后，其实已经是积重难返了。此种状况的主要原因是太祖时期设计的官、职、差遣分离制度与科举、恩荫、荐举等选官制度结合，产生了大批的冗官、冗员。据说当时有官职没有差事的人，竟然占官员总数的一半以上；此外，宋朝财政管理也十分松散，导致年年入不敷出。各种不合理的弊端，让他体悟到朝政再不改革是相当危险的。

年轻时，他曾向宋仁宗上万言书，但未被采纳。王安石变法的目的在于富国强兵，借以扭转北宋积贫积弱的局势，巩固宋王朝的统治。王安石明确提出理财是头等大事。更重要的是，王安石在执政前就认为，只有在发展生产的基础上，才能解决好国家财政问题："因天下之力以生天下之财，取天下之财以供天下之费。"执政以后，王安石继续坚持他的这一思想，他曾经指出："理财以农事为急，农以去其疾苦、抑兼并、便趋农为急。"在这次改革中，王安石把发展农业生产作为当务之急。他认为，要发展生产，首先要把劳动者的积极性调动起来，使那些游手好闲者也回到生产第一线，收成好坏就决定于人而不决定于天。要达到这一目的，国家政权需制定相应的方针政策，在全国范围内进行从上到下的改革。

因此，在他的思想指导下，变法派制定和实施了诸如农田水利、青苗、免役、均输、市易、免行钱、矿税抽分制等一系列的新法，从农业到手工业、商业，从乡村到城市，展开了广泛的社会改革。与此同时，以王安石为首的变法派改革军事制度，以提高军队的素质和战斗力，强化对广大农村的控制；为培养更多社会需要的人才，对科举、学校教育制度也进行了改革，王安石亲自撰写《周礼礼义》《尚书新义》《诗经新义》，即所谓的《三经新义》，为学校教育改革提供了新教材。

变法触犯了大地主、大官僚的利益，两宫太后、皇亲国戚和保守派士大夫结合起来，共同反对变法。因此，王安石在熙宁七年（1074年）第一次被罢相。后来王安石与宋神宗在如何变法的问题上产生了分歧，王安石复相后也得不到更多的支持，不能把改革继续推行下去，加上变法派内部分裂，自己的儿子病故，王安石于熙宁九年（1076年）第二次辞去宰相职务。

王安石提出变法"三不足"

王安石辞相后，旧党掌权，开始逐步地废除新法；宋哲宗稍长，为制衡太后的专横，又重新起新党人士，但新党中尽是些小人，只想报仇，对于什么新法、旧法，根本不感兴趣，从而开始清算旧党大臣，使原本的新旧党争，最后完全变成了意气之争。

之后，宋朝经济、军事越来越弱，不但遭到金国攻陷，而且最后一任皇帝也被逼得跳海自尽。宋王朝的结局，充分说明宋神宗时期，社会确实已到了非改革不可的地步。

王安石担任宰相期间，生活俭朴，而且"不溺于财利酒色，视富贵如浮云"。他为官清廉的事迹很多，甚至连攻击他的政敌，也不得不承认他"素有德行""平生行止，无一污点"。

有一回，有人送王安石两件古物：古镜和宝砚。他看了以后，问道："这镜子和砚台有何用处？"对方回答说："这镜面光滑透明，不但近照人影一致，且可远照二百里的景物，还有这砚台石质又细又密，只要呵一口气，就能得水磨墨。"他听了以后哈哈大笑说："两件都算是稀奇宝物，但对我没有什么用处。吾面不及碟子大，哪要什么能照二百里的古镜？再说我有个习惯，写字前必先取水磨墨。你这砚台就算能呵得一担水来又如何？"说完后就把古镜和砚台还给了对方。

王安石人生图解

有一次，他得了气喘病，大夫开的药方中，有一味是紫团山人参，但是这种药走遍京城也买不到。有位官员听说此事，就送了一些过去，可是他坚决不接受，有人劝他说："你的病要此药才能治好，何必拘泥于这些小节呢？"他回答说："我这一辈子没吃过紫团山人参，不也活到今天？现在就算不吃它，还能立即就死去吗？"

王安石面色黧黑，门人忧之，去问大夫时，大夫说："此垢污，非疾也。用藻豆洗面可除。"有一个人知道后，就要送他一些藻豆，他笑道："天生黑于予，藻豆其如予何？"有人对他说："公面有墨，我送点芫荽给你，洗之当去。"他也笑道："天生黑于予，芫荽其如予何？"他清廉到几乎严苛的程度，在当时追求名利的官场中，难能可贵。

王安石与"精神"一词有很深的渊源，他给世人留下名句："糟粕所传非粹美，丹青难写是精神。"

王安石三不足精神——郭谦行书作品

　　结语： 王安石为官清廉，一生锐意改革积弊成习的朝政，虽然改革因多种因素而失败，但王安石一心为国为民敢于改革，并不计个人毁誉的精神，仍为后世所推崇。在改革初，王安石就提出了"三不足"的思想，即"天变不足畏、祖宗之法不足守、人言不足恤"。这在当时的封建时期是很难能可贵的。"三不足"违反了封建统治，可谓大逆不道，弄不好是要有杀头之罪的！但纵观历史，正是因为有王安石这样的改革勇士，用"三不足"大无畏的精神，以"我以我血荐轩辕"的气魄，勇于牺牲自我，才推动了社会的发展和进步。

张载精神——"四个为"

张载像

导语：张载，北宋著名哲学家，他创立了"关学"。关学与宋代"二程"的洛学、周敦颐的濂学、王安石的新学、朱熹的闽学齐名，共同构成了宋代理学的主流。张载一改儒家学者自汉唐以来专注于典籍章句训释和玄空清谈之风，带着"为天地立心，为生民立命，为往圣继绝学，为万世开太平"的使命感，从北宋社会现实问题入手，力图探求根本的解决之道。他认为教育的目的是变化气质而成为圣贤，求贤成圣具备德行，就要通济天下，利济众生，主张"学贵有用""经世致用""笃实尚行"，反对空知不行，学而不用。关学包含气本论、认识论、辩证法、人性论、太极学说，内容丰富深邃，在中国学术思想史上占有突出地位，对后世哲学思想的发展产生了积极影响。张载的"四个为"精神体现了儒家"天下兴亡、匹夫有责"的士大夫精神，我们不得不佩服他的宏大气度和担当精神。

正文：

张载，字子厚，眉县人，祖籍大梁（今河南开封）。宋真宗天禧四年（1020年）出生于长安，宋神宗熙宁十年（1077年）逝世，享年五十七岁。因为家居陕西眉县横渠镇，在横渠镇设立书院讲学，所以人称"横渠先生"。因为张载弟子多为关中人，南宋、元、明、清诸代传承者以关中为教学及学术传播基地，故世称张载所创立的学术流派为"关学"。

张载自幼聪颖过人，胸怀大志。幼年丧父，使他成熟较早。当时西夏常常侵犯宋西北边境，宋朝廷派兵抵抗，互有胜负。宋仁宗康定元年（1040年）初，西夏入侵，宋军抗击失利。这对"志立不群"的张载是一个很大的刺激，少时即向邠人焦寅学习兵法，并试图组织兵力对西夏作战，为国建功。

庆历元年（1041年），张载二十一岁时写成《边议九条》，上奏时任陕西招讨副使兼延州（今延安）知州的范仲淹，并奔赴延州，求见范仲淹。范仲淹接见了张载，听取了他关于军事防务、对敌作战、收复失地之策，对他甚为赞赏。

范仲淹认为张载志向学识不凡，可研读儒学，必成就大业，不必在军事上下功夫，要从《中庸》学起，以明天地人生之道，张载听从了范仲淹的指教，回家后苦读《中庸》，十分喜爱，但许多问题没有搞明白，于是他又读了许多老庄与佛教的书籍，这依然满足不了他对天地人生之理的探求，他又回头研读六经。他在儒、释、道学说中转来转去，上下求索，精心思考，终于建立了自己的哲学体系。张载思想，受儒、释、道的影响十分明显，其中对他影响最大、最深的是儒家经典，尤以《周易》为最。

宋仁宗嘉祐二年（1057年），三十八岁的张载赴开封参加科举考试，时值欧阳修为主考官，张载与苏轼、苏辙兄弟同登进士。张载在此之前已在《周易》研究方面小有名气，所以在候诏待命期间，应前任宰相文彦博之邀，在开封相国寺设虎皮椅开坛讲《周易》，学子云集听讲。

一天，张载与洛阳的著名学者程颢、程颐兄弟（简称"二程"）相会，交流对《周易》的学术见解。张载觉得"二程"对《周易》的见解比自己深刻，感到自己钻研得还不够深入，第二天就对听讲的学子说："我对易学的理解不如'二程'，你们可以拜他们为师。"于是撤去虎皮椅，不再讲《周易》。

张载是"二程"的表叔，长"二程"十多岁，能如此虚心待人，褒扬晚辈之长，足见张载的高尚品行。张载潜心研究《周易》，广泛吸收当时周敦颐、陈抟、司马光、范仲淹、王安石及"二程"等学者的研究成果，经过自己"仰而思，俯而读"，志道精思，终于写成了《横渠易说》。

张载考中进士后，做过几任地方官，先任祁州（今河北省安国市）司法参军、丹州云岩（今陕西宜川）县令，后迁任著作佐郎，签书渭州（今甘肃平凉）军事判官公事等。在地方任职中，张载时时处处表现出康国济民、敦本善俗、教化为主、关心国势民命的精神，深得百姓爱戴。

宋神宗熙宁二年（1069年），御史中丞吕公著向皇帝神宗推荐张载，经过面对面考问，张载关于治国之道的见解得到宋神宗首肯。不久，神宗即任命张载为崇文院校书。当时，正值宰相王安石进行变法革新，王安石欣赏张载的才华，邀他加盟，以共同推行新法。但张载对于王安石激进的改革政策和措施有不同的看法，婉拒了王安石。其实张载面对宋朝积弱积贫的社会现实，也力主改革，但他不同意王安石急风暴雨式的改革，而主张稳妥进行，以民命为要，务求实效。由于变法主张不一致，张载对王安石既不主动配合，也不公开反对。

这时，张载的弟弟张戬已任监察御史，坚决站在以司马光为代表的旧党一边，竭力反对王安石变法，与王安石在朝廷上发生了激烈的正面冲突，致使新旧两党公开决裂。对于这件事，史书多有翔实记载。在张戬与王安石的激烈斗争中，张载无疑是赞同和维护张戬的。因为他们是亲兄弟，有手足之情，父亲早逝，张载早早承担起奉养母亲、教育和帮助弟弟的责任，感情非同一般。张载长弟弟十岁，而张戬却比哥哥早四年考中进士。一方面足见张戬才能之优，另一方面也足见张载对弟弟的仁厚至爱，对家庭的负责精神。

张戬因反对变法被贬官，迁任公安县知县。在这种情况下，张载感到政治环境恶化，估计自己也会因此受到牵连，于是辞职回到横渠镇，忧愤与劳累，终于使他染病不起。

此后，张载依靠家中数百亩田地维持生计，生活虽然不富裕，却处之益安。一方面休养疗疾，一方面讲学著书，研究义理，修行悟道，求为圣贤，探求天地大道，孜孜以求，从未停息。张载经过近十年的苦读精思，潜心研究，缜密构筑，终于在熙宁九年（1076年）秋完成《正蒙》这部重要的哲学著作，完美地阐述了他的哲学理论体系。《正蒙》是中国古代哲学史上的杰出之作，对后世政治哲学发展产生了巨大的影响。20世纪80年代以来，有数十家出版社以不同版本出版了张载的著述《正蒙》。

在研究哲学的同时，张载对于星相天文等古代自然科学也多有建树，如地动说、地球左旋说等。清末思想家谭嗣同评价张载："张载宇宙论不仅早于西方，而且合乎科学……不知西人之说，张载皆已先之……不知张子，又乌知天？"

张载一生大半时间从事教育，《正蒙》既是一部哲学著作，同时也是一部重要的教育理论著作。他对于人的早期教育、道德教育及知识技能教育，都有独到而深刻的见解。

在辞官回乡后，张载并没有停止对社会改革的思考和实践。他所提出的政治经济主张即恢复土地公有制——井田制，以从根本上解决现实社会中土地高度兼并而导致的贫富极端分化、老百姓苦不堪言等问题。张载在家乡购得数百亩地，划为九块，分给无地农民耕种，并出资修复疏浚八条灌溉渠道，以提高农田产量，后人赞为"眉伯井田""横渠八水验井田"。

熙宁十年（1077年），秦凤路（今甘肃天水）守帅吕大防上奏章向宋神宗推荐张载回京就职。神宗准奏。于是，张载带病赴京任职。这次张载被任命为同知太常礼院（相当于教育部副部长），神宗下诏命礼部推行张载创导的冠婚丧祭之礼，但礼官们守旧，认为新

张载著《横渠易说》《正蒙》等著作

的礼节规定不合祖法，消极怠工，不认真推行。张载因同僚抵制、难以实现自己的理想而郁闷，旧病复发，便又一次辞职回家。归乡途中，至临潼作短暂停留，并带病向当地学子讲学，熙宁十年（1077年）腊月，病逝在客舍中，享年五十七岁。元丰元年（1078年）三月，在弟子们的协助下，归葬于横渠镇。

张载提出"四个为"

由于张载的巨大学术成就和社会影响力，南宋淳熙元年（1174年），宋孝宗追谥赐封为"眉伯"，从祀孔子庙庭。嘉定十三年（1220年），宋宁宗追赐谥号"明公"。明世宗嘉靖九年（1530年）追谥"先儒张子"。

结语： 张载的逝世是中国思想史、哲学史上的一个重大损失。张载一生的大部分时间居于太白山下，主要著作都是在太白山下完成的，关学由此发源成形，是为北宋以来中国传统哲学最为重要的一脉，也是太白山文化的重要组成部分。

张载思想精湛，著作宏富。朱熹和吕祖谦在编辑《近思录》时所列张载著作计有《正蒙》《文集》《易说》《礼乐说》《论语说》《孟子说》《语录》《经学理窟》等。《宋史·艺文志》中著录张载著作有《易说》三卷、《诗说》一卷、《横渠张氏祭仪》一卷、《三家冠婚丧祭礼》五卷、《经学理窟》三卷、《正蒙书》十卷、《张载集》十卷等。

张载有四句名言传世："为天地立心，为生民立命，为往圣继绝学，为万世开太平。"意思是，为社会重建精神价值，为民众确立生命意义，为前圣继承已绝之学统，为万世开拓太平之基业。张载的"四个为"反映了他超越常人的抱负和一生的追求，他刻苦研学思索，为的是探求为社会、为民众、为国学、为未来发展的大道。"四个为"是他精神的精髓所在，也是他一生里最闪光的点。

古往今来，许多仁人志士、英雄豪杰用生命、热血践行着"四个为"。"四个为"至今流行不衰，仍然能引导有志向的青年明确自己的历史使命和人生奋斗目标，并为之努力不息。

岳飞精神——精忠报国

岳飞像

导语：提起"精忠报国"，我们就会自然地想起岳飞，想起"岳母刺字"的故事，想起岳飞表达爱国情怀和壮志豪情的词《满江红》。岳飞无疑是我们民族历史长河里爱国先烈的典范，因此他会被爱国者永久地怀念，他的精神也会被代代传颂。

正文：

岳飞，生于河南省安阳市汤阴县，是宋朝历史上的一员名将，其忠贞报国的精神深受中国各族人民的敬佩。

岳飞小时候，家里非常穷，母亲用树枝在沙地上教他写字，还鼓励他锻炼身体。岳飞勤奋好学，不仅知识渊博，还练就了一身好武艺，成为文武双全的人才。

当时，北方的金国常常攻打中原。岳母鼓励儿子报效国家，并在他背上刺了"精忠报国"四个大字。孝顺的岳飞不敢忘记母亲的教诲，这四个字成为岳飞终生遵奉的信条。每次作战时，岳飞都会想起"精忠报国"四个字，由于他勇猛善战，取得了很多战役的胜利，立了不少战功，名声也传遍了大江南北。

岳飞还组建了一支纪律严明、作战英勇的抗金军队——岳家军。岳家军的士兵都严格遵守纪律，宁可自己忍受饥饿，也不去打扰百姓。如果借住在百姓家，他们会在第二天拂

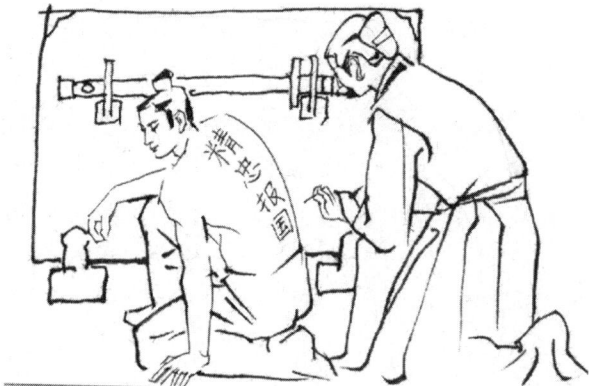

岳母刺字"精忠报国"

晓，打扫完庭院、清洗完餐具才离去。

绍兴九年(1139年)春，岳飞在鄂州(今湖北武昌)听说宋金和议将达成，立即上书表示反对，申言"金人不可信，和好不可恃"，并直接抨击了"相国"秦桧出谋划策、用心不良的投降活动，使"秦桧衔（抱恨）之"。和议达成后，宋高宗赵构得意忘形，颁下大赦诏书，对文武大臣大加封赏。可是，诏书下了三次，岳飞都拒绝了，不受开府仪同三司(一品官衔)的爵赏和三千五百户食邑的封赐。他在辞谢中，痛切地表示反对议和："今日之事，可危而不可安，可忧而不可贺。"并再次表示收复中原的决心："愿定谋于全胜，期收地于两河，唾手燕云，终欲复仇而报国。"这无异于给宋高宗当头泼了冷水，从而更使赵构、秦桧怀恨在心。

岳飞不顾个人得失，坚持抗金到底。他率领军队，联络北方义军，卓有成效地从事抗金战争，成为全国抗金民族战争中的有力支撑。

这年夏天，金兀术撕毁绍兴和议，倾巢而出，再次发动大规模的对宋战争。岳飞挥兵从长江中游挺进，准备施展收复中原的抱负。

进入中原后，岳家军受到中原人民、忠义民兵的热烈欢迎。岳家军首先在河南郾城与金兀术一万五千精骑发生激战。岳飞亲率将士，向敌阵突击，大破金军"铁浮图"(侍卫亲兵)和"拐子马"（左右两翼钳攻的骑兵），打败了金兀术。岳飞部将杨再兴，单骑闯入敌阵，想活捉金兀术，可惜没有找到，手刃敌人数百，身上几十处创伤，豪勇无比。岳家军将士具有勇猛无畏的战斗作风，纵然敌人有移山倒海的战术，也不能动摇了岳家军的阵容。

郾城大捷后，岳飞乘胜向朱仙镇进军（离金军大本营汴京仅四十五里），金兀术率领十万大军抵挡，又被岳飞打得落花流水。

岳飞这次北伐中原，一口气收复了颍昌、蔡州、陈州、郑州、郾城、朱仙镇，消灭了金军有生力量，动摇了金军军心，金兀术连夜准备从开封撤逃。

岳家军大胜金兵

南宋抗金斗争有了根本的转机，再向前跨出一步，沦陷十多年的中原就可望收复了。岳飞兴奋地对大将们说："直抵黄龙府，与诸君痛饮尔!"金军则发出了"撼山易，撼岳家军难"的哀叹。

就在抗金战争节节胜利的时刻，不甘心充当儿皇帝的高宗赵构，担心中原一旦收复，金人便会放回他的哥哥宋钦宗，到时他的皇位不保，因此急切地希望与金人议和。

金人安插在南宋朝廷的内奸秦桧，窃取了宰相高位，也抓住高宗心里的弱点，极力破坏岳飞的抗战。他们狼狈为奸，密谋制订了全线撤军计划，葬送了抗金大好形势。他们首先命令东西两线收兵，造成岳家军孤军突出的不利态势，即以"孤军不可久留"为名，高宗连下十二道金牌，急令岳飞班师回朝。

明知这是权臣用事之命，岳飞为了保存抗金实力，不得不忍痛班师。他愤慨地说："十年之功，废于一旦!所得诸郡，一朝全休!社稷江山，难以中兴!乾坤世界，无由再复!"岳飞英勇的抗金斗争被迫中断。

岳飞一回到临安，立即陷入秦桧、张俊等人布置的罗网。绍兴十一年（1141年），他遭诬告"谋反"，被关进了临安大理寺。与此同时，宋金朝廷之间，正加紧策划第二次和议，双方都视抗战派为眼中钉，金兀术甚至凶相毕露地写信给秦桧"必杀岳飞而后可和"。

在岳飞身上，秦桧一伙找不到任何"反叛朝廷的证据"，岳飞却仍于绍兴十一年农历除夕夜被赵构"赐死"，杀害于临安大理寺内，年仅三十九岁。岳飞部将张宪、儿子岳云亦被腰斩于市门。

岳飞一家遭到冤害，很多关于岳飞的记载被抹去。但是他的爱国故事一直被人传颂。他生前曾写下一首千古绝唱《满江红》："怒发冲冠，凭栏

岳飞《满江红》词——书法作品

处、潇潇雨歇。抬望眼，仰天长啸，壮怀激烈。三十功名尘与土，八千里路云和月。莫等闲，白了少年头，空悲切。靖康耻，犹未雪。臣子恨，何时灭。驾长车，踏破贺兰山缺。壮志饥餐胡虏肉，笑谈渴饮匈奴血。待从头，收拾旧山河，朝天阙。"

精忠报国——郭谦篆书作品

这首词代表了岳飞"精忠报国"的思想精神，表现出一种忧国报国的壮志胸怀和浩然正气。他那慷慨激昂的词句深深打动了一代代人的心，鼓励着后人前赴后继地为了祖国抛头颅、洒热血，不愧为一位杰出的英雄、爱国的典范。

结语：岳飞虽然被杀害了，但他精忠报国的功绩是不可磨灭的。正是他勇敢地表达了被压迫民族反压迫的需求，坚持崇高的民族气节，在处境危难的条件下，坚持了抗金的正义斗争，并指导爱护人民的抗金力量，联合抗金军民一道，保住了南宋半壁河山，使南宋人民免遭金统治者的蹂躏，从而保住了高度发展的中国封建经济和文化，并使之得以继续向前发展。岳飞不愧是我国历史上杰出的将领。

岳飞是古代的，岳飞精神是当代的。岳飞精神已成为中华民族爱国主义的一面旗帜。在当代，纪念岳飞，弘扬岳飞精神，最好的行动就是实现岳飞精神当代价值最大化，圆中华民族伟大复兴的中国梦。

文天祥精神——宁死不屈

文天祥像

导语：儒家学派虽然在一定程度上被封建统治阶级利用，禁锢了人们的思想自由，成为麻木百姓的工具。可是在仁义、理智、忠信的儒家思想精髓和道德准则下，也同样造就了一批像文天祥这样铁骨铮铮的英雄儿女，在以天下为己任的使命下，成为中华民族精神的中流砥柱。如果文天祥生活在一个太平盛世，或许他会成为一代名臣，或许会成为一个名声更大的诗人。可他偏偏生逢乱世，国破人亡，他背负着注定失败的历史责任，开始了他一生中最为壮丽的事业，谱写了他一生中最为高亢的篇章，燃烧了他一生中最为激情的岁月。

❀ 正文：

文天祥，宋末元初人，他的父亲是个饱学宿儒，文天祥受其影响，从小便嗜书如命。十六七岁时，他去庐陵学宫游览，学宫祠堂内供奉着三位死后皆被朝廷宣传的"乡贤忠臣"，即欧阳修、胡铨、杨邦。看着塑像，文天祥久久不愿离去，最后，他自言道："我死后也一定要像他们一样进入祠堂，成为乡贤！否则，就不是真男儿！"

宝祐四年（1256年），文天祥参加京城科举，高中状元。当他欲一展抱负时，父亲去世的噩耗传来。按礼制，他不得不返乡，守丧三年。

开庆元年（1259年），朝廷补授文天祥为承事郎、签书宁海军节度判官厅公事。第二年，他被改派去签书镇南军（今江西南昌）节度判官厅公事。景定三年（1262年），文天祥通过朝臣的举荐，被召回为秘书省正字，后到太子宫中任教师，升为著作佐郎。他为了国家的生存与发展多次向皇帝上书，劝皇帝远离小人，坚定抗元大业，先后得罪了权臣董宋臣、贾似道，反而被中伤，两次罢官黜职，回家乡隐居。

宋恭帝德佑元年（1275年）正月，因元军大举进攻，宋军的长江防线全线崩溃，朝廷下诏让各地组织兵马勤王。文天祥立即捐献家资充当军费，招募当地英雄豪杰，组建了一支万余人的义军，开赴临安。宋朝廷委任文天祥知平江府，命令他发兵援救常州，旋即又命令他驰援独松关。元军攻势猛烈，江西义军虽英勇作战，最终也未能挡住元军攻势。

次年正月，元军兵临临安，文武官员纷纷出逃。在危难之际，有人向谢太后举荐文天祥，听政的谢太后便任命文天祥为右丞相兼枢密使，并派他出城与元军统帅伯颜和谈。文天祥义无反顾地去了元军大营，与元军将帅、谋士进行了不屈不挠的激辩，并且对一批降元的官员进行了严肃的批评。伯颜发现文天祥虽然是敌人，但不失为有骨气、有才气的宋人，这样的人，如让他回去等于是放虎归山。于是，他扣留了文天祥，继续攻城。谢太后见大势已去，只好献城纳土，向元军投降。

元军占领了临安，但两淮、江南、闽广等地还未被元军完全控制和占领。于是，伯颜企图诱降文天祥，利用他的声望来尽快收拾残局。文天祥宁死不屈，伯颜只好将他押解往北方。行至镇江，在友人的帮助下，文天祥成功逃脱。泛海南、下温州，经过许多艰难险阻，最后于景炎元年（1276年）五月，辗转到达福州。

当时，张世杰等人在福州拥立益王赵昰为宋端宗。宋端宗再次任命文天祥为右丞相。但文天祥对张世杰专制朝政极为不满，又与左宰相陈宜中意见不合，于是离开，以同都督的身份在南剑州（今福建南平）指挥抗元。不久，转移到汀州（今福建长汀）、漳州龙岩、梅州等地，联络各地的抗元义军，坚持斗争。景炎二年（1277年）夏，文天祥率军由梅州出兵，进攻江西，在雩都（今江西于都）获得大捷后，又以重兵进攻赣州，以偏师进攻吉州（今江西吉安），陆续收复了许多州县。

这局部的"中兴气象"迅速将元军主力吸引过去。在蒙古大军的重兵围剿下，文天祥的队伍很快被打散。在率部向海丰撤退的途中，文天祥遭到元将张弘范的突袭，兵败被俘。

文天祥服毒自杀未遂，被张弘范押往崖山。张弘范要文天祥写信招降张世杰。文天祥说："我不能保护父母，难道还能教别人背叛父母吗？"张弘范不听，一再强迫文天祥写信。于是，文天祥将自己前些日子所写的《过零丁洋》一诗抄录给张弘范。张弘范读到

文天祥渡海

"人生自古谁无死，留取丹心照汗青"时，被文天祥的忠贞触动，于是便不再强迫文天祥。

文天祥的不投降并没能阻止张世杰的水师遭受灭顶之灾，在经过一番空前的海战后，文天祥看着宋军数以千计的楼船化为乌有，尸浮海上十万余。他捶胸顿足痛哭流涕，挣扎着想要投海自尽，却被人拦住了。

元朝皇帝忽必烈听说了文天祥的事情后，曾问大臣："南、北宰相孰贤？"大臣们异口同声地道："北人无如耶律楚材，南人无如文天祥。"忽必烈当即就下令，将文天祥押送到大都（今北京），软禁在会同馆，决心劝降文天祥，他要让这个优秀的南人归顺自己。

在他的安排下，元朝廷先后五次对文天祥展开劝降活动。首先，忽必烈派降元的原南宋左丞相留梦炎来对文天祥现身说法，进行劝降。文天祥一见留梦炎便怒不可遏，留梦炎只好悻悻而去。

接着，忽必烈又让降元的南宋皇帝宋恭帝来劝降。一见到这位被废的皇帝，文天祥马上明白了是怎么回事，立即伏地痛哭，乞求圣驾南归重整河山。宋恭帝才九岁，少不经事，看到文天祥老泪纵横，也跟着哭了起来。结果劝降行动成了感情宣泄的场合。

忽必烈听到汇报，心生怒气，于是下令将文天祥的双手捆绑，戴上木枷，关进兵马司的牢房。文天祥入狱十几天，狱卒才给他松了手缚，又过了半月，才给他褪下木枷。

之后，元朝丞相孛罗开堂审问文天祥。文天祥被押到枢密院大堂，昂然而立，只对孛罗行了一个拱手礼。孛罗喝令左右强制文天祥下跪。文天祥竭力挣扎，坐在地上，始终不肯屈服。孛罗问文天祥："你现在还有什么话可说？"文天祥回答："天下事有兴有衰。国亡受戮，历代皆有。我为宋尽忠，只愿早死！"孛罗大发雷霆，说："你要死？我偏不让你死。我要关押你！"文天祥毫不畏惧地说："我愿为正义而死，关押我也不怕！"

之后文天祥在监狱中度过了三年。在狱中，他曾收到女儿柳娘的来信，得知妻子和两个女儿都在宫中为奴，过着囚徒般的生活。文天祥深知女儿的来信是元朝廷的暗示：只要投降，家人即可团聚。尽管文天祥心如刀割，却不愿因妻子和女儿而丧失气节。他在写给自己妹妹的信中说："收柳女信，痛割肠胃。人谁无妻儿骨肉之情？但今日事到这里，于义当死，乃是命也。奈何？奈何！……可令柳女、环女做好人，爹爹管不得。泪下哽咽、哽咽。"

狱中的生活很苦，可是文天祥强忍痛苦，写出了不少诗篇。《指南后录》第三卷、《正气歌》等气壮山河的不朽名作都是在狱中写出的。

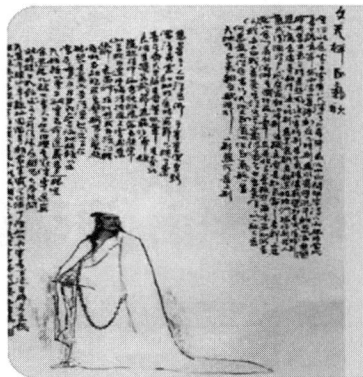

文天祥名篇《正气歌》

最后，忽必烈亲自召见并劝降文天祥。文天祥对忽必烈仍然是长揖不跪。忽必烈也没有强迫他下跪，只是说："你在这里的日子久了，如能改心易虑，用效忠宋朝的忠心对朕，那么朕可以在中书省给你一个位置。"文天祥回答："我是大宋的宰相。国家灭亡了，我只求速死，不当久生。"忽必烈又问："那你愿意怎么样？"文天祥回答："但愿一死足矣！"忽必烈十分气恼，于是下令立即处死文天祥。

次日，文天祥被押解到菜市口刑场。监斩官问："丞相还有什么话要说？回奏还能免死。"文天祥喝道："死就死，还有什么可说的？"他问监斩官："哪边是南方？"

有人给他指了方向，文天祥向南方跪拜说："我的事情完结了，心中无愧了！"于是引颈就刑，从容就义。死后人们在他的口袋中发现一首诗："孔曰成仁，孟曰取义，唯其义尽，所以仁至。读圣贤书，所学何事？而今而后，庶几无愧。"文天祥死时年仅四十七岁。

文天祥就义前写照

结语：文天祥走上了不归路，他宁死不屈的民族精神和"富贵不能淫"、舍生而取义的浩然正气却留在了人间。明人罗伦在作《宋文丞相祠堂记》时概括说文天祥精神"可以动天地，可以感鬼神，可以贯日月，可以孚木石，可以正万世之人心，位万世之天常"。文天祥以其鲜血和生命实践了他所服膺的儒学之基本价值，从而树立了一座儒家人格精神的历史丰碑，让世人在敬仰的同时得到精神上的升华和人格上的锤炼。文天祥的赤胆忠心亘古少有，值得我们学习、传承。

海瑞精神——清正廉洁

海瑞像

导读：海瑞，明朝著名政治家，明嘉靖四十五年（1566年）因上书"直言天下第一事"而入狱，这也彰显出他一生忠君报国、直言敢谏、整肃吏治的价值追求。海瑞一生居官清廉，刚直不阿，深得人们的尊敬与爱戴，与北宋包拯齐名，素有"海青天""南包公"之称，为历史上有名的清官之一。

正文：

海瑞，海南琼山人，字汝贤、国开，号刚峰，嘉靖二十八年（1549年）举人。虽然出生于官僚家庭，但海瑞童年时期的家境并不殷实，在他四岁时父亲不幸病逝，他和母亲相依为命，生活异常清苦。母亲很刚强，勤俭持家，教子有方，"苦针裁，营衣食，节费用，督瑞学"。在她的亲自督导下，海瑞自幼即诵读《大学》《中庸》等书，母亲的严格要求加上专门为他请的良师指点，海瑞得到了良好的家教与文化教育，这使海瑞很早就有了报国爱民的思想。

海瑞带棺材上朝呈奏章

嘉靖二十八年（1549年），海瑞中举。初任福建南平教谕，后升浙江淳安和江西兴国知县，推行清丈、平赋税，并屡次平反冤假错案，打击贪官污吏，深得民心。嘉靖四十一年（1562年），海瑞任诸暨知县；嘉靖四十五年（1566年），时任户部云南司主事的海瑞，上疏嘉靖皇帝，批评嘉靖皇帝迷信巫术，生活奢华，不理朝政，并劝说皇帝不要相信陶仲文那班方士的骗术，应振理朝政。

嘉靖皇帝读了海瑞的上疏，把奏章扔到地上，怒吼："这个海瑞，好大的胆子，竟敢批评朕，快把他逮起来，别让他跑掉。"宦官黄锦在旁边说："海瑞这个人向来有傻名。听说他上疏时，自己知道冒犯皇帝是死罪，买了一口棺材，遣散了奴仆，并和妻子诀别，现在在宫外听候治罪，他是不会逃跑的。"皇帝听了默默无言。

过了一会儿，宦官又传海瑞再次上疏的奏章。一天里，嘉靖皇帝反复读了海瑞的奏章多次，良久，叹息说："这个人可和比干相比，但朕不是商纣王。"他把上疏留在宫中数月，也没有治海瑞的罪。

后来，嘉靖皇帝召来内阁大臣议论禅让帝位给皇太子的事，他慷慨地说："海瑞所说的都对。朕现在病了很长时间，怎能临朝听政？"又说，"朕确实不自谨，导致现在身体多病。如果朕能够在便殿议政，岂能遭受海瑞的责备和辱骂呢？"嘉靖皇帝心底对海瑞有一股怨气，最后下令逮捕海瑞，把他关进天牢，意欲处死。

宰相徐阶立即到嘉靖皇帝面前上疏，说了很多有关海瑞个性耿直、清正廉洁的好话，竭尽全力免海瑞一死。户部尚书黄光升也上奏章，称海瑞的上疏不足为怪。这样帮助海瑞减轻了罪责，同时他乘机把海瑞留在狱中，保护着海瑞。一直到同年十二月嘉靖驾崩，明穆宗即位，徐阶等大臣才奏请新皇帝释放海瑞出狱。

嘉靖皇帝刚死，外面一般都不知道。提牢主事听说了这个情况，认为海瑞不仅会被释放还会被任用，就办了酒菜来款待海瑞。海瑞以为要被押赴西市斩首，就恣情吃喝起来。提牢主事附在他耳边悄悄说："嘉靖皇帝已经死了，先生马上会出狱受到重用了。"海瑞说："确实吗？"随即悲痛大哭，他把刚刚吃进去的东西全吐了出来，晕倒在地，一夜哭声不断。

海瑞被释放出狱后，官复原职，不久改任兵部，继而调任大理寺。隆庆三年（1569年），海瑞升任右佥都御史、钦差总督粮道巡抚应天十府，即现在长江下游两岸，包括南京、苏州、常州等地。长江流域是个非常富庶的地方，海瑞到任后却发现，人民在重赋和恶吏贪官的压迫下生活极为困苦。如果赶上当年发生涝灾，直到冬至的时候，还有一半田地被淹在水里。粮价飞涨，百姓不去讨饭就会饿死。于是，海瑞决定将治水与救灾一起解决，既为当前也为将来谋利。后来，他终于弄清受灾是连接太湖通海的吴淞江淤塞所致，海瑞便召集饥民，趁冬闲季节开工，疏浚吴淞江及其支流。又上疏皇帝，请求将应该上交的粮食留下一些解决灾民吃饭问题。这样就调动了百姓

海瑞亲临河道，研究治水方案

的积极性，工程很快完成，当地的百姓都很感激海瑞。

为了维护农民的利益，海瑞进一步惩治恶霸，归还农民被强夺的土地。但对自己有恩的宰相徐阶告老还乡回到松江府华亭县（今上海市），他家在当地占有的土地最多。徐阶担心一点儿不退也不行，于是就象征性地退了一些。海瑞则写信劝他应该做出表率，多退一些田地，同时劝说他的儿子改正错误。许多京官纷纷为徐阶说情，但海瑞还是联合一些官员，迫使徐阶退了二分之一的田地。海瑞依照法律将徐阶两个违法的儿子充了军。其他豪强见此情景，赶忙将多占的田地依数退还。

在担任应天巡抚时，海瑞不仅爱民抚民，还为民除害谋利，他自己却生活得俭朴清苦，所到之处不许鼓乐迎送，也不住豪华的住宅，地方上为迎接他大摆宴席，他却规定物价高的地方每顿饭不能超过三钱银子，物价低的地方不超过二钱银子。他一生很多时间闲居家中，只靠祖上留下的一点儿土地过活。他没有置办田产，只在母亲去世后靠别人帮助买了一块坟地，将母亲安葬了。

海瑞还在赋税方面减轻人民的负担。当时江南的赋税很混乱，有田的地主往往不纳或少纳税，地少的农民却要负担很重的赋税，其实，加重的部分都是替地主交的，由地方官平摊到每个百姓头上。这无疑加重了人民的负担。海瑞组织人清查土地，简化赋税制度，减轻百姓负担。海瑞的清廉刚正让达官贵人坐立不安，他们背地里联合起来诬告海瑞，说他支持倭寇，不久海瑞被罢了官。

海瑞去世前几天，还退还了兵部多送来的七钱银子。他的妻子、儿子早已去世，丧事由别人料理，他的遗物只有八两银子、一匹粗布和几套旧衣服。靠同僚的帮助，他的灵柩才得以运回故乡。据说听到他去世的噩耗时，当地的百姓如失亲人，悲痛万分。当他的灵柩从南京水路运回故乡时，长江两岸站满了送行的人群。很多百姓甚至制作了他的遗像，供在家里。关于他的传说故事，民间更是广为流传。后经文人墨客加工整理，编成了长篇公案小说《海公大红袍》《海公小红袍》，或编成戏剧《海瑞》《海瑞罢官》《海瑞上疏》等。海瑞和宋朝的包拯一样，是中国历史上清官的典范、正义的象征。

清正廉洁——郭谦金农漆书作品

　　结语： 海瑞是历史上不可多得的廉洁公正的代表性人物，海瑞精神是一种珍贵的精神遗产，是中华民族精神的重要组成部分，具有重大的育人意义与价值。海瑞精神主要表现为清正廉洁、刚正不阿，这是当今加强社会主义精神文明建设和反腐倡廉的珍贵精神资源。海瑞一生清廉为官，他的事迹历来为民称颂，成为后世学习的典范。海瑞的廉政措施直到今天也没有过时，他制定的许多条例，如简化官场接待礼仪、减少公务支出、减轻百姓负担等，在今天仍然具有极高的借鉴价值。

李时珍精神——求真求实

李时珍像

导语：李时珍作为中国医药领域的著名代表人物，在他身上具有大医精诚、大医至仁、济世救人、仁爱为怀等众多古代医学家遵循的传统医学道德。正因如此，民间流传着大量关于李时珍行医问药的传说与故事。这些故事反映出他谦虚好学、实事求是、博爱民生、兼爱平等的精神，尤其可贵的是求真求实的精神为我们进行科学研究树立了榜样。培养求真求实精神，不仅可以帮助我们促进科学研究、创新发展，还可以提高人的精神品质，优化社会风气。

正文：

李时珍，明代著名的医药学家，字东璧，号濒湖，湖北蕲州（今湖北蕲春县）人。父亲李言闻是当地名医。嘉靖十年（1531年），李时珍中秀才，因三次科举未上功名，他决心继承父业，探究医药。二十二岁开始行医。他父亲教导他说："熟读王叔和（汉朝名医，著《脉经》），不如临病多。"

听了父亲的话，李时珍既认真学习前人的医学成果，又在行医实践中不断总结，理论与实践相结合而不随便盲从，得出了许多独到的见解，在治病救人过程中大胆尝试了不同的治疗方法，取得意想不到的效果。

邻县有一位老太太，患腹痛溏泻病已经有五年多了。平时，只要一吃生冷或油腻的食物或瓜果，肚子立即痛得受不了，腹泻加重而不止。老人常年被病痛折磨，身体也非常虚弱。为了根治此病，她看过许多医生，服用过多种药方，腹泻非但未能消除，反而更加严重。

后来，她听说李时珍治疗不治之症有妙方，于是派人把李时珍请到家里看病。李时珍为老太太把脉发现脉象沉滑，断定是"脾胃久伤，冷积凝滞"之症，老太太的脾胃长时间受到伤损导致冷积凝滞，才引起腹泻不止。腹泻仅仅是病症的外在表现，其主要原因是冷积凝滞，只有去除冷积，才能根治此病。李时珍大胆开出药方，让病人服用五十颗巴豆丸。

历代医书写明巴豆是一味辛热且有毒的泻药，需要慎用，怎么治泻反而用泻药，这岂不是要出人命啊？所以李时珍药方一出，周边的医生都质疑和反对，病人亲属也将信将疑，对药方很不放心。李时珍一再坚持和劝说老太太的家人，他坚信自己的药方，因为他早就亲口尝过巴豆，知道巴豆用药的度。老太太胆战心惊地服用了这味有争议的药。没想到之后连续两天没有腹泻，气色也一天好过一天，慢慢地油腻和瓜果蔬也可以自由食用了，最后竟奇迹般地痊愈了。李时珍的这一病例说明，治病要勇于打破常规，不为常法所束缚，而关键在于诊断正确，用药恰当。

嘉靖三十年（1551年），李时珍任楚王府奉祠，掌管良医所事务。嘉靖三十五年（1556年）被荐入太医院，不久他辞官返乡，致力于行医和对药物的考察研究。

李时珍为病人治病

在实践中，李时珍发现原有的药书不但内容少，有的还记错了药性和药效，心想，病人吃错了药多危险啊！于是决心重新编写一部药物书——《本草纲目》。为了写好这部书，李时珍不仅在治病的时候注意积累经验，还走遍了产药材的名山。白天，他踏青山、攀峻岭，采集草药，制作标本；晚上，他对标本进行分类，整理笔记。几年里，他走了上万里路，访问了千百个医生、老农、渔民和猎人。好多药材他都亲口品尝，判断药性和药效。

有一次，李时珍经过一个山村，看到前面围着一大群人。走近一看，只见一个人醉醺醺的，还不时地手舞足蹈。一了解，原来这个人喝了用山茄子泡的药酒。山茄子？李时珍望着笑得前俯后仰的醉汉，记下了药名。回到家，他翻遍药书，找到了有关这种草药的记载。可是药书上写得很简单，只说了它的本名叫曼陀罗。李时珍决心要找到它，并进一步研究。

后来在采药时，李时珍找到了曼陀罗。他按山民说的办法，用曼陀罗泡了酒。过了几天，李时珍决定亲口尝一尝，亲身体验一下曼陀罗的功效。他抿了一口，味道很香；又抿一口，舌头以至整个口腔都发麻了；再抿一口，人昏昏沉沉的，不一会儿竟发出阵阵傻笑，手脚也不停地舞动着；最后他失去了知觉，摔倒在地上。

一旁的人都吓坏了，连忙给李时珍灌了解毒的药。过了好一会儿，李时珍醒过来了，大家这才松了一口气。

李时珍醒后第一件事就是记录曼陀罗的产地、形状、习性、生长期，写下了如何泡酒以及制成药后的作用、服法、功效、反应过程，等等。

有人埋怨他太冒险了，他却笑着说："不尝尝，怎么断定它的功效呢？再说，总不能拿病人去做实验吧！"听了他的话，大家更敬佩李时珍了。就这样，又一种可以作为临床麻醉的药物问世了。

李时珍求真求实，常常创造出一些奇特方法来验证中药功效。一次，他发现一本书上说野苎麻叶可以治疗瘀血症。于是他找了两杯生猪血来做实验。在第一杯生猪血中，他放了野苎麻叶的粉末，另一杯什么都没有放。过了一会儿，放了野苎麻叶粉末的生猪血没有凝固，而作为对照的那杯生猪血很快凝固了，苎麻叶治疗瘀血的功效得到初步证实。李时珍又深入思索：上面的实验只是证实野苎麻叶能够防凝，那么对已经形成了的瘀血块，它又有什么作用呢？于是，他又把苎麻叶粉末和入刚刚凝固的血块中，血块竟慢慢地融化成血水！这进一步证实了苎麻叶还具有化瘀的作用。这个药理学试验用今天的标准来衡量也是有一定水平的。

李时珍勤奋著书：《本草纲目》

李时珍的足迹遍及河南、河北、江苏、安徽、江西、湖北等地，以及牛首山、摄山、茅山、太和山等大山名川，他采纳了上千药农的意见，参阅了八百多种书籍，历时二十七年，三易其稿，终于在他六十一岁那年（1578年）完成巨著。

《本草纲目》凡16部、52

卷，约190万字。全书收纳诸家本草所收药物1518种，在前人基础上增收药物374种，合1892种，其中植物1195种；共辑录古代药学家和民间单方11096则；书前附药物形态图1100多幅。这部伟大的著作，吸收了历代本草著作的精华，尽可能地纠正了以前的错误，补充了不足，并有很多重要发现和突破，是到16世纪为止我国最系统、最完整、最科学的一部医药学著作。

自万历二十四年（1596年）《本草纲目》问世后，已在国内翻刻三十余次，并于万历三十四年（1606年）传入日本。此后，又先后译成拉丁文及法、德、英、俄等国文字。莫斯科还有李时珍的刻像。

求真求实——郭谦象形文书法

结语：人们常说"耳听为虚，眼见为实"，李时珍的求真求实，是做事严谨细致、一丝不苟的体现，正是这种求真求实的精神，才使他抛弃臆断，获得正解，从而避免尴尬和错误。求真求实是一种良好的品质，是一种态度，是衡量做事尽力的重要标志；求真求实更是一个人的本事，一个人的修养，一个人走向成功的必备素养。

郑和精神——和平亲善

导语： 郑和是中国明代举世闻名的伟大航海家，自永乐三年（1405年）起的二十八年间，郑和率领无可匹敌的庞大船队从江苏太仓出发，七下西洋，远达红海与非洲东海岸，遍历亚非三十八个国家和地区。他忠实地执行"以德睦邻"的和平外交政策，致力弘扬中华礼教和儒家思想、历法和度量衡制度，传播了农业技术、制造技术、手工艺、建筑术、医术、造船技术等，肩负起"与天下共享太平之福"的重任，促进了各个国家经济、商业的发展。这不仅在中国历史上是一件伟大创举，在世界航海发展史上也是首屈一指的重要事件。

郑和像

正文：

郑和，原姓马，名和，字三宝，出生在云南省昆阳州（今昆明市晋阳区）。郑和的祖先世代信奉伊斯兰教，祖父和父亲都曾经跋涉千里去麦加朝圣。在朱元璋统一云南的战乱中，年仅十一岁的马和被明军俘虏、阉割。先在军中做秀童，后来被分配到北平的燕王府做侍童。马和聪明、伶俐，很快成为燕王朱棣的亲信。他多次出色地完成燕王委派的任务，得到朱棣的赏识和器重，并且他在帮助朱棣登基称帝的过程中，立下了大功。朱棣赐他"郑"姓，授职内官监太监，从此，马和便改为"郑和"。历史上称"三宝太监"。

永乐二年（1404年），郑和出使日本，出色地完成了外交活动，使得日本国主动出兵清剿在中国沿海的倭寇，并与中国正式建立外交关系，签订贸易条约。这些外交成果使朱棣皇帝十分满意，认定他是个可以委托重任的大臣。

当时东南亚两个大国爪哇、暹罗对外扩张，欺压周边一些国家，威胁满剌加、苏门答腊、占城、真腊，甚至在三佛齐杀害明朝使臣，拦截向中国朝贡的使团，加上海盗猖獗，海上交通线得不到安全保障，这些不稳定的因素，一方面直接影响中国南部的安全，另一方面极大影响明朝的形象，不利于明朝的稳定和发展。在这种形势下，明朝皇帝朱棣决定采用"内安华夏，外抚四夷，一视同仁，共享太平"的和平外交政策。他封郑和为西洋总兵正使（正一品），率领船队下西洋，目的是调解、缓和各国之间矛盾，保障海上交通安全，试图建立一个长期稳定的国际环境，从而提高明王朝的对外威望。

经过几年的准备，以郑和为钦差使臣的使团组成了。这个使团包括各级官员、士兵、水手、航海技工、医生、翻译共二万七千八百多人，海船六十多艘。最大的海船长四十四丈、宽十八丈，在当时世界上属于第一流，航海技术也是当时世界上最先进的。

永乐三年（1405年），郑和船队从江苏太仓刘家港起锚出海，开始了第一次远航，前往西洋。当时的西洋，指中国南海以西的地区。第一站，船队访问了占城国（今越南境内古国）。占城气候温和，物产丰富，对中国很友好。郑和到达时，占城国国王骑着大

郑和下西洋，传播中华文明

象，率领臣民，穿戴着鲜艳的民族服装，出城迎接。郑和宣读了明成祖的诏书，传达了友好往来的愿望，并赠送了礼品。国王非常高兴，同意派遣使臣回访。接着，郑和访问了爪哇、旧港(今印尼巨港)、苏门答腊、锡兰山(今斯里兰卡)、古里(今印度科泽科德)等国家和地区。在爪哇，郑和饶有兴趣地参观了充满当地民间风情的"步月行乐"游乐活动。

郑和的船队经过马六甲海峡时，遇到了一伙海盗。海盗的首领叫陈祖义，广东人，洪武年间纠集同伙，在海上横行霸道，杀人劫货，无恶不作。陈祖义想趁机抢劫郑和船队。郑和也想就此消灭他们，为当地百姓除害。陈祖义收到郑和的信，表面答应投降，暗地里却准备趁着黑夜偷袭宝船。

漆黑的夜晚，十几艘海盗船悄悄地驶向郑和船队。陈祖义自以为可以偷袭成功，哪知郑和早得到密报，做好了迎战准备。当海盗船进入伏击圈后，大船桅杆上一盏红灯高高升起，接着是一片灯笼火把，将海面照得通亮。海盗船被大船包围，不到一个时辰，就被全部歼灭，陈祖义做了俘虏。郑和一鼓作气，又将陈祖义在旧港的老巢也端掉了。

郑和第六次远航回国

郑和第一次远航于永乐五年（1407年）结束。接着，继续第二次远航。到永乐十九年（1421年），一共远航五次。除上面提到的国家外，还到过暹罗（今泰国）、真腊、淡马锡（今新加坡）、急兰丹（今马来西亚哥打巴鲁）、柯枝（今印度科钦）、忽鲁谟斯（今属伊朗）、祖法儿（今阿拉伯半岛内）、木骨都束（今索马里摩加迪沙）、麻林（今肯尼亚境内）等三十多个国家和地区，最远到达东非海岸。

郑和每到一地，均传授各类技术、进行商业贸易等，受到了沿途各国的热烈欢迎和友好接待。他每次结束访问，回到南京时，都有许多外国使团，其中有国王和王族，随同来到中国。他既带回了各国人民的友好情意，也带回许多当地的特产与珍禽异兽，如胡椒、硫黄、象牙、龙脑、宝石及狮子、金钱豹、长颈鹿、长角马哈兽、鸵鸟等。明成祖对郑和船队的成绩非常满意。他特地书写碑文，树立石碑，作为纪念。郑和第六次远航归来，明成祖去世。新皇帝不到一年也死了，再继位的宣德皇帝才两三岁，顾不上远航的事。

宣德五年（1430年），朝廷才又起用郑和作第七次远航。此时，他已经六十岁，仍毅然担起重任，漂洋出海，弘扬国威。但他这次出海归来不久就去世了。有人说，他死在归国的途中。

郑和的远航，弘扬了中华礼教和儒家思想、历法和度量衡制度，传播了农业技术、制造技术、手工艺、建筑术、医术、造船技术等，展示了中国当时高度发展的航海技术与造船水平，加深了亚非各国人民的友好往来，在人类文明史上做出了不可磨灭的贡献。至今许多亚非国家还保留着郑和的遗迹，如爪哇的"三宝垄"、泰国的"三宝庙"、印度古里的纪念碑等。

郑和出使西洋确有"扬国威、示富强"的使命，但郑和作为外交代表，不仅尊重各国风俗，还尊重各国人民的宗教感情。一个典型例子就是郑和在第二次航程中，在锡兰加异勤寺院立了布施碑，这块碑是在宣统三年（1911年）被发现的，现存于斯里兰卡科伦坡博物馆，北京国家博物馆有其拓片。这块碑用汉、泰米尔和波斯三种文字镌刻。汉语的碑文记载郑和等为祈求航海平安，向神佛敬献供品的情况；泰米尔语的碑文是表示对南印度泰米尔人信奉的婆罗门教保护神毗湿奴的敬献；波斯语的碑文表示对伊斯兰教信奉的真主给以敬仰之情。

和平亲善——郭谦行书书法作品

在一块碑上以三种宗教为对象雕刻碑文，反映了郑和对各主权国人民的尊重和他本人的宗教宽容性，同时反映出郑和一行希望他们所从事的经济、文化交流活动不至于受到宗教对立的影响。所以说这块石碑是郑和和平亲善精神的体现和反映。

结语： 六百多年前，郑和下西洋为海上丝绸之路沿岸各国带去的不是战争，而是祥和；不是掠夺，而是共荣；不是欺辱，而是亲善。郑和作为伟大的和平使者，为"静海"奋斗了一生，最后以身殉职。

郑和下西洋以后，西方殖民者的对外扩张，东西方一些海洋强国大搞海上霸权，无不导致"乱海"，一直到今天，郑和下西洋时期"静海"的局面没有再出现过，这不能不说是人类文明发展史上的莫大遗憾。

我们今天学习郑和的事迹和精神，就要传承文明，发扬郑和和平亲善的精神，与世界各国人民一起，为建立和谐的国际社会秩序、为最终实现祖辈们向往世界大同的崇高理想而奋斗。郑和精神不仅是中华民族的宝贵精神财富，还是全世界爱好和平人民的宝贵精神财富。

戚继光精神——精武卫国

戚继光像

导语： 戚继光，明代著名的抗倭将领、民族英雄、杰出的军事家，自小立志疆场、保国为民，面对倭寇频频骚扰我国东南沿海，曾挥笔写下"封侯非我意，但愿海波平"的名句。戚继光从登上人生舞台的那一天起，就与忠勇精武、保家卫国结下了不解之缘。他在东南沿海抗击倭寇十余年，扫平了多年为虐沿海的倭患，确保了沿海人民的生命财产安全；后又在北方抗击蒙古部族内犯十余年，保卫了北部疆域的安全，促进了蒙汉民族的和平发展，写下了十八卷本《纪效新书》和十四卷本《练兵实纪》等著名兵书。

正文：

嘉靖七年（1528年），戚继光生于山东蓬莱。戚继光，字元敬，号南塘，晚号孟诸。戚氏将门六代。他自幼喜读兵书，勤奋习武，立志效国，十七岁袭父职任登州卫指挥佥事，分管屯田。

二十一岁中武举。嘉靖二十九年（1550年），戚继光赴京师(今北京)会试，正巧遇上蒙古骑兵骚扰都城。戚继光向皇帝递交守御奏章，受到重视，被临时任命为总旗牌，督防京城九门。嘉靖三十二年（1553年），他被授予都指挥佥事，领山东登州、文登、即墨三营二十四卫所兵马，训练水军，抗击入侵山东沿海的倭寇。

元末明初，日本海盗来到中国沿海地区进行武装走私和抢掠骚扰，历史上称之为"倭寇"。明初，国力强盛，重视海防设置，倭寇未能酿成大患。嘉靖年间，沿海一带私人经营的海上贸易十分活跃。一些贪官、奸商为了牟取暴利，勾结日本倭寇，使得倭寇在浙江、福建、广东沿海陆地肆意烧杀抢掠。嘉靖三十二年，大批倭寇在海盗头子汪直、徐海等率领下，在浙江、江苏登陆，窜扰崇明、上海、台州、温州、宁波、绍兴等城市，危害沿海地区。

朝廷不得不派官员和军队去围剿。虽然明军打过一些胜仗，可是朝廷又听信了当地奸商与贪官污吏的谗言，先后处死两任抗倭有功的大臣。派昏官赵文华祭东海海神求平安，这让倭寇的气焰更加嚣张。

嘉靖三十四（1555年）秋天，朝廷不得已将戚继光从山东调到江浙任参将，镇守宁波、绍兴、台州，控制倭寇经常出没的军事要地。

一到浙江，戚继光就与名将俞大猷一起在龙山围剿登陆的倭寇，三战三捷。但戚继光从实战中发现原来的明军纪律不好、训练不精、士气不旺、素质不高。有次战斗结束时，一个士兵拎着颗人头来报功，另一个士兵却哭哭啼啼跟着来到，诉说："这是我弟弟，受伤还未断气，就被他割了头……"又有个士兵拎着人头来请赏，一查，被杀的竟是个十几岁的无辜少年。

两个杀人冒功的罪犯被处决了。但这件事震动了戚继光。他想：这样的士兵怎么能打败倭寇？于是，他决定训练一支纪律严明的军队。他亲自到浙江义乌招募新兵，精选了三千个诚实、吃苦耐劳、有勇气的农民与矿工，组建了一支全新的军队。

经过短短几个月的训练，戚继光就将他们打造成一支纪律严密、训练有素、武器精良、作战勇敢的队伍。这支军队不骚扰百姓，受到百姓的爱戴，百姓称他们为"仁义之师"。戚继光带着这支战斗力很强的队伍，转战在浙江、福建的抗倭战场，取得许多辉煌战果。倭寇将戚继光称为"戚老虎"，百姓将他们称为"戚家军"。

戚家军威名远播

嘉靖四十年（1561年）四月，倭寇五十余艘船两千余人聚集于宁波、绍兴海面伺机入侵。戚继光立即督舟师出巡海上。倭寇遂离开台州防区转而骚扰奉化、宁海，以吸引明军，而后趁机进犯台州。戚继光将军队一部分守台州，一部分守海门，自率主力赴宁海。倭寇侦知戚军主力去宁海，台州空虚，遂分兵三路分别进攻台州桃渚、新河、沂头。戚继光部署兵力，与敌人展开了台州大战。台州大战，由新河、花街、上峰岭、藤岭和长沙之战组成。

四月二十四日，倭寇大肆抢掠新河城外各地。城内精壮士兵大都出征，留守者人心惶惶。戚继光夫人挺身而出，发动妇女守城，迫使倭寇不敢贸然逼近。二十五日，在宁海的戚继光令胡守仁、楼楠二部驰援新河。二十六日，倭寇逼近新河城下。这时，援军赶到，双方展开激战。入夜，戚家军打败倭寇，残倭从铁岭方向逃走。次日，戚家军乘胜追击，将残倭打得落花流水。此战杀敌约二百人，保住了新河。

戚继光击败宁海之倭后，听说进犯桃渚之敌焚舟南流。他认为敌人这样做，是想乘虚侵犯台州府城，于是挥师南下，决定急行军先敌到达府城。二十七日中午，双方于离城仅一千米的花街展开激战。戚家军前锋以火器进攻，杀死敌人前锋头目，并连斩七倭。敌人主力大败退逃。戚家军即分兵两路猛追，将一股敌人沉于江水中，另一股歼灭于新桥。只一顿午饭的工夫儿就结束了战斗，共杀敌三百余人，夺回被掳民众五千余人。

浙江的倭寇被剿得差不多了，戚继光又奉命带军队进入福建清剿。戚家军到福建后的第一战是横屿之战。横屿是宁德城东北海中的一座小岛，周围环水。水浅不能行大船，水退后又泥泞不便行走。岛上有倭寇老巢，一千多倭寇在这里盘踞了三年，当地官府从不敢去进攻。

戚继光派人探明岛的地理位置和地形、水道、潮流的特点，制订了进攻方案。他让每个士兵各带一捆干草，来到横屿对岸，等天黑退潮，将干草抛到水中，铺出一条路。大军强行登岛，发起强攻，三百多倭寇被歼灭，二十九人被俘，淹死在海上的有六百多人。戚家军大获全胜。

此后，戚继光又在牛田、林墩、平海卫、仙游、兴化等地打了好些大胜仗。嘉靖四十五（1566年），戚继光剿灭了占据广东福建交界处的南澳岛与倭寇相勾结的海盗吴平。这时，骚乱东南沿海数十年的倭寇，总算被消灭光了。

隆庆二年（1568年），戚继光以都督同知总理蓟州（今河北蓟县）、昌平、

戚继光杀敌，身先士卒

保定三镇练兵事务，后又为总兵官，兼镇守蓟州、永平、山海诸处，并督帅十二路军戎事，因屡立战功，万历二年（1574年）升左都督，万历七年（1579年）加太子太保，录功加少保，为当朝大臣高拱、张居正等倚重。戚继光在蓟州十六年，加固长城，筑建空心敌台，整顿屯田，训练军队，制订车、步、骑配合作战的战术，形成墙、台、堑密切联络的防御体系，多次击退侵扰之敌，军威大振。从此，北方边境得以安宁。时人誉戚继光为"足称振古之名将，无愧万里之长城"。

在宰相张居正死后，戚继光受到排挤。万历十一年（1583年）被调任广东总兵官。万历十三年（1585年），他以年老多病谢职归家，万历十五（1578年）病逝。

精武卫国——郭谦行书作品

结语： 戚继光不仅是一位抗倭名将、民族英雄，还是一位智谋深远的军事思想家，其军事思想包括武德教育、治军方略、战略战术思想，以及后勤保障等诸多方面。同时，戚继光是一位杰出的兵器专家和军事工程家，他改造、发明了各种火攻武器；他建造的大小战船、战车，使明军水路装备优于敌人；他富有创造性地在长城上修建空心敌台，进可攻、退可守，是极具特色的军事工程。

戚继光成为中国历史上的一代名将，与其生活的时代和特殊环境，尤其是胶东地区文化与民族禀性的滋养与打造是分不开的。同时，戚继光的精武卫国精神也融入中华民族的整体主流之中，成为民族文化的重要组成部分。

林则徐精神——民族图强

林则徐像

导语： 林则徐不仅是近代中国的爱国主义者，还是近代中国最早的一位开眼看世界、向西方寻找真理的先驱者。一百五十年前，是他以卓越的胆识，领导禁烟抗英斗争，谱写了一支中华民族反对外来侵略的序曲；是他以非凡的勇气，打破清王朝"禁区"，首先开创了学习西方长技、寻找中国富强之路的新风。鸦片战争爆发后，林则徐累遭打击。在遣戍途中，因大学士王鼎保荐，曾在河南治理黄河缺口，竣工后仍被充军伊犁。在伊犁期间，曾兴办水利，勘垦屯田，推广先进生产技术，这对北方加强防御沙俄侵略的军事实力起到了积极的作用。林则徐以自己的一生谱写出的民族自强的精神之歌，激励后来者为民族强盛不息奋斗。

❀ 正文：

　　林则徐，字元抚，又字少穆，晚号俟村老人，侯官县（今福建福州）人。嘉庆十六年（1811年），林则徐会试中选，赐进士，入翰林院任编修。此后历任国史馆协修、撰文官、翻书房行走、清秘堂办事、江西乡试副考官、云南乡试正考官、江南道监察御史。在京官时期，他矢志做一个济世匡时的正直官吏。

　　嘉庆二十五年（1820年）七月，林则徐外任浙江杭嘉湖道。他积极甄拔人才，建议兴修海塘水利，颇有作为。

林则徐兴修水利、治理黄河

　　道光二年（1822年），林则徐到浙江受任江南淮海道，整顿盐政，取得成效，受到道光皇帝的宠信，不久提任江苏按察使。在任上，他整顿吏治、清理积案、平反冤狱，并把鸦片毒害视为社会弊端加以严禁。但道光四年（1824年）秋，林则徐的父母先后病丧，他回老家守孝三年。服丧完毕，再度出仕，先后任陕西按察使、江宁布政使、湖北布政使、河南布政使、擢东河河道总督、江苏巡抚。他为清朝统治的长远利益，锐意整顿财政，兴修水利，救灾办赈。为了治理黄河，他亲自顶着寒风，步行几百里，了解实情和制订治理方案。他在农业、漕务、水利、救灾、吏治等方面都做出不少成绩，还对清王朝的财经政策、贸易政策提出新建议，提出了一套自铸银币、建立本国银本位制度的主张。这是中国近代币制改革的先声，也是适应政治经济形势变化，保护本国工商业者，保护民族经济独立发展，抵制西方资本主义经济侵略的先进思想。

道光十七年（1837年），林则徐升湖广总督。面对湖北境内每到夏季大河常泛滥成灾的情况，林则徐采取有力措施，提出"修防兼重"，使"江汉数千里长堤无一处漫口"，对保障江汉沿岸州县的生命财产做出了不可磨灭的贡献。同时林则徐整饬吏治，严惩贪赃枉法。他注意严格要求自己，事事以身作则，处处为人表率，办事兢兢业业，是当时官场中最廉明能干、正直无私、受群众爱戴的好官。

道光十九年（1839年），林则徐作为钦差大臣赴粤查办禁烟。到了广州，林则徐一面加紧整顿海防，严拿烟贩；一面限令外国烟商交出鸦片。林则徐坚定的态度和有力的措施，再加上人民的支持，外国烟商被迫交出鸦片两万多箱。林则徐下令在虎门将鸦片公开销毁。

"虎门销烟"向全世界宣告了中华民族决不屈服于侵略的决心，是人类历史上旷古未有的壮举，展示出中华民族无与伦比的伟大形象，是抗击外来侵略的胜利。

林则徐虎门销烟

在广州查鸦片的过程中，林则徐意识到英国会发动侵略战争。为了战胜敌人，需要知己知彼。他经过多方面的分析研究，得出结论：变敌人的长处为自己的长处，即"师夷之长技以制夷"。于是林则徐亲自主持，组织翻译班子，把外国人讲述中国的言论翻译成《华事夷言》，作为当时中国官吏的一种"参考消息"；为了了解外国的军事、政治、经济情报，将英商主办的《广州周报》译成《澳门新闻报》；为了解西方的地理、历史、政治，又组织翻译了英国人慕瑞的《世界地理大全》，编为《四洲志》，这是我国近代

第一部比较系统介绍西方地理的书；翻译瑞士法学家瓦特尔的《国际法与自然法原则》。其中一条规定："各国有禁止外国货物不准进口的权利。"说明中国禁烟完全合乎《国际法与自然法原则》。在军事方面，他着手加强和改善沿海一带防御力量。林则徐专门从外国买来两百多门新式大炮配置在海口炮台。为了改进军事技术，又搜集并组织了大炮瞄准法、战船图书等资料。林则徐敢于学习外国先进科学技术的精神，受到人们高度赞扬，被称为"开眼看世界的第一人"。虽然林则徐对西方认识比较浅显，接触西学的目的是出于外交、军事需要，但毕竟开创了中国近代学习和研究西方的风气，对中国近代维新思想起到了启蒙作用。

在进行禁烟和了解"夷情"的同时，林则徐并没有放松警惕。他一到广东，就抓紧海防，积极加强军事上的防备，以对付英国的偷袭和挑衅。他除注重水师训练和招募水勇作为辅助力量外，还鼓励人民群众自己组织起来。他采取灵活机动的战术，"以守为战，以逸待劳"，以夜战和火攻骚扰、攻击敌军。

林则徐怒斥义律，限令其交出鸦片

道光十九年（1839年）下半年，中英双方关系日趋紧张，义律多次率英国兵船进行挑衅，以兵舰阻挡英国商船具结，挑起穿鼻之战，水师提督关天培奋勇督战，击中敌船头鼻，清师船亦中弹漏水。此后九天之内，英国兵舰向尖沙咀以北官涌山的清军阵地发动六次进攻，都被击退。

林则徐被革职，万民拦道送来歌颂牌匾

这时，英国政府为维护其可耻的鸦片贸易暴利，蓄意挑起侵华战争。翌年正月（1840年2月），英国政府任命懿律和义律为侵华全权正副代表，由懿律率大小兵舰四十余艘于六月初抵达广东沿海。由于广州防范严密，英舰无隙可乘，懿律和义律便率舰北上，于七月中到达大沽口外，威胁清政府。道光皇帝派直隶总督琦善与英军代表谈判，并于九月查办林则徐。

林则徐被"奉旨革职"的消息传开以后，民众自发表示他们的拥戴心情，呈送"颂牌"等。这是对林则徐对内政绩和反抗侵略的高度评价。这一点外国人看得很清楚，一个参加侵华战争的英国军官在他的《英军在华作战记》中写道："若说林公虽然不为皇帝所喜，他却很受他新近所管治人民的爱戴，这对林来说只是公道而已。他最大的死敌也不得不承认他的对手从来没有被贿赂玷污过。在中国的政治家中，这种情形是闻所未闻的。"

此后半年间，林则徐以戴罪之身滞留广州。虽处于逆境中，但他依然关心时事，尽自己所能做一些有益于抗英的事。虎门失守，广东水师提督关天培等壮烈牺牲，琦善一味妥协投降，自毁长城。琦善被革职押解返京查办后，林则徐又先后向两广总督怡良和新任靖逆将军奕山提出关于战备等建议，均没有被采纳。道光皇帝命他西行到边境，林则徐怀着极其悲愤的心情踏上戍途。一路上他写下大量的诗篇，抒发忧国忧民的爱国情怀。道光二十二年（1842年）七月底至八月初，他在兰州稍事停留，这时丧权辱国的

林则徐被革职，充军新疆

《南京条约》已签订，清政府已向英国侵略者完全投降了。十月，林则徐行抵乌鲁木齐，十一月到达伊犁惠远城。

从道光二十三年（1843年）起，林则徐被遣戍在新疆的三年时间里，前两年许他协助伊犁将军布彦泰办理阿齐乌苏废地垦务，他的认真负责和精明能干，得到布彦泰的赞赏。在军事方面，林则徐建议改屯兵为操防，充实边陲经济、军事实力以防御沙俄侵略。布彦泰在给道光皇帝的密奏中指出林则徐是他平生所见之人中难得的人才。

后一年，他奉命赴南疆查勘垦地，倡导兴修水利，改进推广坎儿井，教民制纺车、学织布，为新疆各族人民做了不少好事。林则徐在新疆伊犁与百姓一起修建"皇渠"，全长四百余里，造福于后人，至今还在使用，人们称之为"林公渠"。

流放三年后，道光皇帝重新起用林则徐，先授以署理陕甘总督，后任命为陕西巡抚，不久调任云贵总督。他整理云南矿务，开采银矿，并对铜矿主张维护"放本收铜"的政策。这时林则徐已年老多病，开始产生"决然求退"的想法。由于一再请求，道光皇帝批准他回福建原籍就医调治。

翌年，林则徐回到福州时，正是福州人民反对英国侵略者入城斗争高涨之秋。这一年英国传教士进一步强行占据乌石山的神光、积翠二寺，激起福州爱国绅民的强烈反对。林则徐回乡后便与当地士民共同商讨驱逐侵略者的办法。为加强海防抵御能力，他亲自乘船至闽江口的五虎礁、闽安诸要塞查看形势，向地方大吏闽浙总督刘韵珂、福建巡抚徐继畲提出调兵演炮募勇等积极建议，而刘、徐等当权者主张对外妥协，彼此意见不合。这一年十月初一，林则徐被咸丰帝授为广西钦差大臣，他仓促抱病启程，十月十九日行至广东潮州普宁县（今普宁市）时逝世。

林则徐在古城西安与妻子离别赴伊犁时，作了《赴戍登程口占示家人二首》：

出门一笑莫心哀，浩荡襟怀到处开。
时事难从无过立，达官非自有生来。
风涛回首空三岛，尘壤从头数九垓。
休信儿童轻薄语，嗤他赵老送灯台。

力微任重久神疲，再竭衰庸定不支。
苟利国家生死以，岂因祸福避趋之。
谪居正是君恩厚，养拙刚于戍卒宜。
戏与山妻谈故事，试吟断送老头皮。

前一首说：我离家远行，无论到哪里，都会乐观旷达，大家（送行的亲友）心里别难受悲哀。世上的事很难从无过错中成功，高官达贵也不是天生得来的。回想广东禁烟抗英，我蔑视外国侵略者和卖国者。从今以后，我将游历祖国山川。别理会宵小们的幸灾乐祸、冷嘲热讽，鄙弃那些"赵老送灯台"之类的混话。

后一首说：我个人的力量薄弱而肩负重任，早已精疲力尽。假若再担当重任，我这衰老之躯可能难以支撑。如果是对国家有利的事，我还是会不顾生死地去做。我们岂能因此而逃避祸灾、见利忘义呢？我被流放伊犁，也算是君恩高厚。退隐当一个边关的小卒也算适宜。我安慰老妻给她讲笑话，劝她送行时吟诵一下苏轼"断送老头皮"的诗句。

诗中最精彩的句子莫过于"苟利国家生死以，岂因祸福避趋之"，渗透林则徐强烈的爱国主义思想和精神。

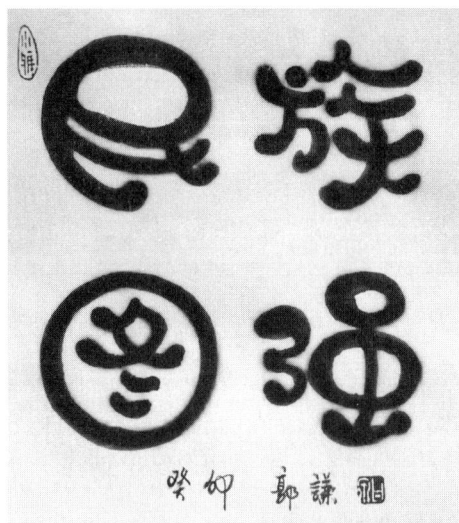

民族图强——郭谦卡通体书法

结语： 林则徐的丰功伟绩和崇高精神，集中体现了中华民族优秀的文化传统和民族精神。他炽热的爱国主义、深厚的民本思想，是民族自强不息奋斗的进取精神、清贫廉洁的道德情操，内涵非常丰富，具有无与伦比、激励人心的力量，在当时就备受世人推崇。林则徐的政治实践、人格精神、道德力量，在今天仍具有强烈的现实意义。以此与建设社会主义核心价值体系的主张相结合，用林则徐爱祖国、爱人民的例子，宣传、教育群众，既现成，又易为人民群众所接受，而且可以引起海外华侨的关注，从而起到凝聚海外中华儿女为祖国效力的作用。

邓世昌精神——同归于尽

邓世昌像

导语： 自古以来，牺牲在战场上，一直是爱国军人引以为豪的志向，特别是那些明知死在眼前仍勇敢赴难的人，更令人崇敬。在中日甲午海战中牺牲的邓世昌就是这样的人。邓世昌对死亡置之度外，与敌人同归于尽、舍身为国的精神，是中华民族同仇敌忾的英雄气概。邓世昌用牺牲唤起人们抵抗外国侵略者的意识，他的精神滋养了抗日战争、解放战争、抗美援朝等战争中涌现出的许多英雄志士。

正文：

邓世昌，原名永昌，字正卿，广东番禺人。同治六年（1867年）入马尾船政学堂驾驶班第一期学习，同治十三年（1874年）以优异成绩毕业，并被船政大臣沈葆璋奖以五品军功，任命为"琛航"运船帮带。次年任"海东云"炮舰管带，时值日本派兵侵犯台湾省，他奉命巡守澎湖、基隆，获升千总。后调任"振威"炮舰管带，代理"扬武"快船管驾，获荐保守备，加都司衔。

光绪六年（1880年），李鸿章为建设北洋水师而搜集人才，因邓世昌"熟悉管驾事宜，为水师中不易得之才"而将其调至北洋属下，先后担任"飞霆""镇南"蚊炮船管带。同年冬天，北洋水师在英国定购的"扬威""超勇"两艘巡洋舰完工，丁汝昌水师官兵二百余人赴英国接舰，邓世昌随往。光绪七年（1881年）十一月安然抵达大沽口，这是中国海军首次完成北大西洋—地中海—苏伊士运河—印度洋—西太平洋航线，大大扩大了中国的国际影响力，邓世昌因驾舰有功被清廷授予"勃勇巴图鲁"勇名，并被任命

清海军致远号官兵合影——邓世昌居中

为"扬威"舰管带。

光绪十三年（1887年）春，邓世昌率队赴英国接收清政府向英、德订造的"致远""靖远""经远""来远"四艘巡洋舰，这年年底回国。归途中，邓世昌沿途安排舰队操演练习。因接舰有功，升副将，获加总兵衔，任"致远"舰管带。光绪十四年（1888年），邓世昌以总兵记名简放，并加提督衔。是年十月，北洋海军正式组建成军，邓世昌升至中军中营副将。光绪十七年（1891年），李鸿章检阅北洋海军，邓世昌因训练有功，获"葛尔萨巴图鲁"勇名，为致远号舰长。他常对士兵们说："人谁无死？但愿我们死得其所，死得值！"

邓世昌与致远号官兵同仇敌忾

光绪二十年（1894年），中日甲午战争爆发。邓世昌多次表示："如果在海上和日舰相遇，遇到危险，我就和它同沉大海！"

9月17日，日本舰队突然袭击中国舰队。一场海战打响了。中国担任指挥的旗舰被击伤，大旗被击落。邓世昌立即下令在自己的舰上升起旗帜，吸引敌舰。他指挥的致远号在战斗中最英勇，前后火炮一齐开火，连连击中日舰。日舰包围过来，致远号受了重伤，开始倾斜，炮弹也打光了。在这危急关头，邓世昌毅然下令："最高速，向'吉野'冲！"准备与敌人最凶猛的先锋舰"吉野"同归于尽。

此刻，"致远"舰像一条火龙，全速冲向"吉野"。邓世昌双手紧握着舵轮，愤怒的目光直射敌舰；甲板上，全舰官兵面向祖国的方向跪着，个个脸上露出刚毅的神情。敌人被这种大无畏的英勇行动吓得魂飞魄散，纷纷跳水逃命。眼看离"吉野"越来越近，突然，一发鱼雷击中了"致远"舰，邓世昌和全舰官兵坠入海中。一个士兵将救生圈递给邓世昌，他伸手推开，激昂地说："事已至此，誓不独生！"他的爱犬游过来，叼住他的发辫不让他下沉，他把狗按入水中，随即自己也沉入茫茫大海。

邓世昌驾驶致远号与敌人同归于尽

邓世昌壮烈殉国，举国震动，光绪皇帝垂泪撰联"此日漫挥天下泪，有公足壮海军威"，并赐予邓世昌"壮节公"谥号，追封"太子少保"，入祀京师昭忠祠。李鸿章在《奏请优恤大东沟海军阵亡各员折》中为其表功，说："……而邓世昌、刘步蟾等之功亦不可没者也。"威海百姓感其忠烈，于光绪二十五年（1899年）在成山为邓世昌塑像建祠，以志永久敬仰。1996年12月28日，中国人民解放军海军命名新式远洋综合训练舰为"世昌"舰，以示纪念。

"致远"舰沉没的那天，恰是邓世昌四十五岁生日。2016年，经过三年多的水下考古，"致远"舰遗骸于辽宁丹东被确认，两百多件文物被打捞上来。其中一个很重要的发现是"致远"舰上一枚鱼雷引信已经插上雷管，说明当时的鱼雷已经处于随时准备击发的状态，很可能是"致远"舰最先想用鱼雷炸沉吉野，而不是直接撞沉它。那么，鱼雷为何没有击发呢？

史料记载：一名英军军官记下了"致远"舰最后的航程，它在冲向日舰时，舰身已经倾斜，两侧排水口中不断排出白色的泡沫，却以最高的时速勇往直前，它的火炮已经停止射击，只有桅盘中的机关炮仍在开火。当时鱼雷还属于不成熟的新武器，射程不足四百米，因此，在"致远"舰的最后时刻，邓世昌等英雄要做的就是一件事，干掉吉野，先用鱼雷炸，鱼雷不行，就撞沉它，所以才会用最快的速度前进。

为了保护旗舰"定远"号，"致远"舰舍命相救，邓世昌等将士，"为大我、舍小我"的壮举精神让强敌也感到震撼和惧怕。

抗战时期，广州沦陷，日寇烧杀抢掠，无恶不作，却唯独不敢碰邓世昌的家族宗祠，路过时皆举手敬礼，甚至有的军官还偷偷溜进去祭拜。

英魂不灭，浩气长存，考古的新发现提醒国人，应该永远铭记邓世昌！

浩气长存——郭谦行书书法作品

结语：民族精神是一个民族赖以生存和发展的精神支柱。从道光二十年（1840年）鸦片战争到现在，中华民族历经磨难，出现了无数救亡图存、反对侵略、振兴中华的仁人志士和先烈。这些人身上共同体现了一种爱国精神：前赴后继、义无反顾地担起拯救民族之重任；勇于牺牲，与敌人血战到底。也正是这种为国不屈不挠、不怕牺牲的民族精神鼓励全国人民怀有忧患意识，不断奋斗，摆脱列强侵略，使中华民族屹立于世界之林。因此，邓世昌用死捍卫了祖国的主权和民族的尊严，他毫不畏惧、不怕牺牲，与敌人同归于尽的精神永远值得我们学习。

鲁迅精神——俯首甘为孺子牛

鲁迅像

导语： 谈起鲁迅，他那精神抖擞着直竖的头发，隶体一字似的胡须，深邃而灼人的双目，顿时涌入人们的脑海中。这个深邃的灵魂因为负载着中华民族的良知而成为无数后辈敬仰的高山。高山仰止，鲁迅思想之深刻，文笔之犀利，在现代中国文坛上罕有可与之比肩者。除了在思想、文学上的成就，鲁迅的精神也常常被人提及，笔者认为鲁迅留世名句"横眉冷对千夫指，俯首甘为孺子牛"是一幅典型的自画像，而他"俯首甘为孺子牛"的精神是其为丰富民族精神做出的最大贡献。

正文：

鲁迅，中国现代著名思想家、文学家、革命家，是现代小说的奠基人。他创作的数十篇现代白话文小说，包括《狂人日记》《孔乙己》《药》《风波》《阿Q正传》以及《祝福》《在酒楼上》《伤逝》等名篇，更是学界公认的新文学经典。他的杂文富有思想性、批判性，杂文语言富有创造性，把汉语的表意、抒情功能发挥到了极致。他为中国现代文学的繁荣做出了巨大贡献，被称为"中国现代文学的一面旗帜"。

鲁迅，光绪七年（1881年）出生于浙江绍兴一个封建士大夫家庭，原名周树人，字豫才，七岁启蒙，十二岁就读于三味书屋，勤学好问，博闻强记，课余喜读野史笔记及民间文学书籍，对绘画艺术具有浓厚兴趣，自此打下了坚实的文化基础。他不囿于"四书""五经"，多方寻求课外读物，努力掌握历史文化知识。光绪二十八年（1902年），鲁迅东渡日本，两年后怀着"科学救国"的梦想，进入仙台医学专门学校，希望毕业以后回国救治像父亲一样被误的病人。在仙台，他虽然也遇到了像教解剖学的藤野严九郎先生那样关心自己的老师，但也不时受到歧视，特别是有一次课堂里放映记录日俄战争的幻灯画片，看到一个替俄军当侦探的中国人被日本军队捉住杀头，旁边竟站着一群中国人围观。鲁迅受到极大刺激，由此觉悟医治精神上的麻木比医治身体上的病弱更为重要，改变中国第一要素是改变中国人的精神，而善于改变精神的当推文艺。于是，鲁迅决定弃医从文，想用文字来揭露国人丑陋的灵魂，讨伐封建专制。

1918年5月，他首次以"鲁迅"为笔名发表了中国现代文学史上第一篇白话小说《狂人日记》，奠定了新文学运动的基石。

鲁迅笔下的祥林嫂、孔乙己、润土等人物在呐喊

鲁迅整天写作，从早上写到晚上，又从晚上写到天亮。鲁迅认为，时间等于生命，不珍惜时间就是不珍惜生命，只有利用好生命，不浪费一点时间，人生才不算白费。他愿意把自己的一切贡献给革命事业。他把笔当作武器，把欺压人民、作威作福的反动派当作敌人，不浪费生命，和敌人做了一次又一次斗争。

《呐喊》《彷徨》《坟》《野草》……这一本本书寄托了鲁迅太多的感情和思考。正是因为他的不朽杰作，让20世纪的中国人看到了希望。1933年，中国民权保障同盟执行委员兼总干事杨杏佛被国民党特务杀害时，鲁迅也是特务的目标。杨杏佛遇难后，鲁迅冒着生命危险，赴万国殡仪馆送殓，出门连钥匙都不带，大义凛然地蔑视国民党特务的枪弹。视死如归的精神闪现着鲁迅"横眉冷对千夫指"的真正本色！

鲁迅用他甘为人梯的精神、疗救社会的责任感，以及犀利的笔锋发出了对社会教育的呐喊。鲁迅的教育理念总体说来在于强调智育、德育和美育的全面发展。宣统二年（1910年）六月，南京举办了一次全国性的"南洋劝业会"，这是我国历史上第一次具有现代意义的博览会，也是一场规模空前、展品丰富的博览会，展览设有教育、工艺、器械、卫生、武备(即军事)、农业等分馆。当时鲁迅在绍兴府中学堂任教，他得知这一信息后，立即与学校领导商量，主张带全校学生去开阔视野、增长知识，进行爱科学和爱祖国的思想教育。对于这个活动，学生们热情高涨，共有二百多人参加。鲁迅是这支初出远门的队伍的总领队，他精心安排了行程，选择了一条适合学生们集体出行的路线。由于鲁迅早年在南京求学，非常熟悉当地的情况，加之悉心准备，整个参观过程非常顺利。十多天的参观，学生们个个满载而归。

鲁迅在绍兴府中学堂任教虽然只有一年之久，但他带领学生们游览了许多名胜古迹，如兰亭、快阁、柯桥、七星岩、大禹陵、东湖等地，每到一处，鲁迅总要给学生说明古迹的来历及名人逸事，让学生了解历史、关心社会、思考人生。不局限于书本和课堂，而是将整个大自然与人类社会、将整个世情万物都当作教育对象，这样才能转变传统死读书的教育模式，培养出全面发展的、对社会有益的，而非夸夸其谈、纸上谈兵的学生。

鲁迅培养青年作者可谓呕心沥血，不遗余力。在北京大学任教时，他办的文学刊物中有好几个就是与青年作家合办的：如1924年鲁迅与孙伏园、李小峰、川岛等一群青年作家合办的《语丝》；1928年与青年作家柔石等合编的《朝花》。通过办刊物，他团结了一批文学青年，并使之形成一股向上的力量。

鲁迅在编辑刊物时也特别重视对青年作者的发现、扶持和培养工作。当时还在大学读书的靳以（现代作家）写了一首诗投给鲁迅主编的《语丝》，不久即被刊出。现代文学家、翻译家李霁野回忆青年往事时说，他写了一篇很幼稚的小说《微笑的脸面》交给鲁迅，看是否可以在什么报纸副刊上发表，鲁迅看后说："有点儿可惜，就留给《莽原》半月刊发表吧。"这给了李霁野很大的鼓励。

鲁迅在处理青年作者的来稿时，总是充满了热忱。一方面千方百计地给予刊载，自己编的刊物不合适，就设法介绍到别的刊物去；另一方面他总是给予热情的指导。后来成为著名作家的艾芜和沙汀于1931年把习作的小说《太原船上》《俄国煤油》等寄给鲁迅，鲁迅一一复信详细地指导，这对他们以后的文学生涯起到了重要的作用。

有一次，一位青年作者寄了一篇作品给鲁迅，鲁迅读后写信给他，说："这还不能算作短篇小说，因为局面小，描写也还简略，但作为一篇随笔看，是要算好的。"他还建议这位青年作者："此后如要创作，第一须观察，第二是要看别人的作品，但不可专看一个人的作品，以防被他束缚住，必须博采众家，取其所长，这才后来能够独立。"鲁迅经常劝导青年作者要多观察社会生活，"留心各样事情，多看看，不看到一点就写"，还常鼓励青年多读国内外名家的作品，"凡是已有定评的大作家，他的作品，全部就说明着应该怎样写"。有的作者作品渐渐多了，不免有些粗制滥造，鲁迅就及时善意地加以提醒，不可疏滥。

鲁迅为青年作者看稿、改稿的事例更是动人。凡是求他看稿、改稿的，他都欣然乐从，不计时间和精力，仔细阅改。在编期刊《莽原》时，青年作者尚钺投寄的文稿，字迹比较潦草，鲁迅一一帮他改正。后来尚钺得知，非常内疚，说先生何不叫我重抄一遍。鲁迅说："青年们总有一个时期不免草率一点的。如果预先规定一种格式或一种字体写，恐怕许多好文章都消灭到格式和字体中去了。目前的问题只是写，能写，能多写，总是好的。"可见鲁迅对青年作者是体贴入微的。

鲁迅鼎力支持青年们办的报纸、文艺刊物，以及他们的编辑工作。1921年，在北京《晨报副刊》当编辑的孙伏园是鲁迅在绍兴初级师范学堂当校长时的学生，他请求鲁迅每周给副刊《开心话》专栏写文章。鲁迅为了支持学生把报纸办好，欣然同意了。当天晚上他就写了一章，之后每周连载，这就是小说《阿Q正传》。1934年，陈望道等创办《太白》半月刊，鲁迅也热情支持。《太白》共出二十四期，鲁迅就为它写了二十二篇文章。孙伏园在回忆文章中说："凡是与鲁迅先生商量什么事情，需要他一些助力的，他无不热情真诚地给你助力。"1935年，巴金在上海编辑《文学丛刊》，他恳请鲁迅"编一个集给我吧"，鲁迅想了想就答应了。过了两天，他通知巴金集子的书名和内容，说还有三四篇文章没有写。不久，书店刊登广告说《文学丛刊》第二集十六册将在旧历年前出齐。鲁迅看到了广告，为了不耽误书店的出版计划，他急忙赶写未完成的那几篇文章，在一个月内全部写好，编成集子送到巴金的手里，为此巴金深受感动。

鲁迅经常帮助和资助青年作者。他在主编《奔流》刊物时，一位不相识的青年作者白莽投寄了一篇裴多菲传的译稿，鲁迅立即与他联系，后来还把自己不易得来并珍藏了三十年的两本诗集赠送给他。鲁迅还常自己出钱替青年作者刊印作品，如叶紫的《丰收》、萧军的《八月的乡村》、萧红的《生死场》，都是由鲁迅出钱印的，并为之写了序言。

鲁迅不仅自己热情培养青年，还呼吁文学界的前辈们多做园丁的工作。他的老朋友金心异喜欢把青年们作品中的缺点和错误词句，当作谈话的材料加以讥讽，鲁迅很不以为然："自己现在不动笔，青年们写点儿东西又嫌不好，品头论足的指摘他们，这会使青年不敢写，会使出版界更没有生气的。"

对青年作者的关怀，鲁迅还不仅于帮助、指导。1931年，青年作者孔另境因共产党嫌疑的罪名在天津被捕，鲁迅闻讯后立即写信给李霁野、台静农，要他们设法营救，但是没能救出。后来，孔另境被押解至北平行营军法处，行营主任是张学良。鲁迅从前在北京教育部做过事，于是他破例写信给做过教育总长的汤尔和，说明孔被捕原因不实，请他设法在少帅面前说项，后来果然生效，孔另境被交保释放了。

在与青年作者的交往中，鲁迅始终把青年当作朋友，采取平等的态度。他总希望自己也"能化为青年，使大家忘掉彼我"。他经常与青年畅怀交谈，有时还留至深夜。他经常留青年吃饭，或赠送物品。然而，青年送他东西，他一概不受。有一次，青年作者黄源购到一套德译本《果戈理全集》，共六册，十八元。他知道鲁迅正在翻译果戈理的作品，特地把这套书送给鲁迅。鲁迅非常高兴，但一定要给黄源书钱，说他经济并不宽裕，黄源不肯。争论再三，鲁迅只接受一册，最后还是把五册的书钱十五元给了黄源。

鲁迅抱病见青年木刻家

1936年，鲁迅在病逝前，抱病到上海八仙桥青年会参观第二回全国木刻流动展览会，并与青年木刻作者黄新波、曹白、白危、陈烟桥等促膝长谈。他神情自若，完全看不出是一个身患重病的人。上海鲁迅纪念馆复制了当年鲁迅与青年木刻家亲切交谈的动人场景，那场面可以使人深深感受到鲁迅对于青年真正实现了"俯首甘为孺子牛"的诺言。

鲁迅四十九岁那年，与许广平生了一个男孩，有人为此讥笑他，他写了一首诗作答："无情未必真豪杰，怜子如何不丈夫。"

他一面对那些反动腐朽的、粗制滥造的读物进行口诛笔伐，一面介绍和引进外国的优秀作品。他先后翻译出版了《爱罗先珂童话集》《桃色的云》

《小约翰》《小彼得》《表》等。在《表·译者的话》里，鲁迅谈了进行这一工作的目的："第一，是要将这样的崭新的童话，介绍一点进中国来，以供孩子们的父母、师长，以及教育家、童话作家来参考。第二，想不用什么难字，给十岁上下的孩子们也可以看。"

五十五岁的鲁迅积劳成疾，不幸病逝。1988年，虹口公园正式更名为鲁迅公园，每天都有很多人来这里纪念鲁迅先生。

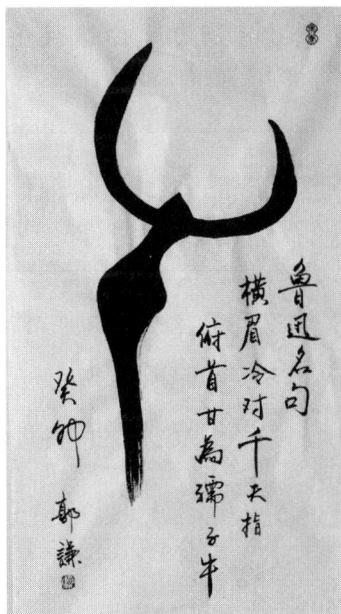

俯首甘为孺子牛——郭谦象形文书法作品

结语：鲁迅夫人许广平在《欣慰的纪念》一书中说："鲁迅讲自己好像一头牛，吃的是草，挤出来的却是奶、血。"鲁迅"横眉冷对千夫指，俯首甘为孺子牛"体现了他爱憎分明的革命精神，体现了革命者崇高而无私的情怀。

鲁迅的一生表明他就是一头任劳任怨为民族文化事业勤奋耕耘的老黄牛，他的名句应该成为我们的座右铭，他的精神值得我们代代相传。我们要以鲁迅为榜样，做人民大众的"牛"，为祖国的繁荣、人民的幸福而努力奋斗，"鞠躬尽瘁，死而后已"。

蔡元培精神——兼容并包

蔡元培像

导语：蔡元培是中国现代伟大的教育家。任北大校长期间，他提倡"思想自由、兼容并包"的学术精神，最为人所称道。"思想自由、兼容并包"是北大的校训，也是蔡元培教育思想的核心。北大在蔡先生主持校政期间，先后聘任陈独秀、胡适、梁漱溟、鲁迅等新文化运动的干将，又选用黄侃、刘师培、辜鸿铭等守旧派的学问大家，还有一批知名学者，如陈汉章、康宝忠、沈尹默、马叙伦、沈兼士、马裕藻等。不拘一格降人才的师资，培养出大批人才，如罗家伦、傅斯年、顾颉刚、冯友兰等，后皆成为一代学术宗师，为国家建设和抗战储备了大量的人才。

正文：

1916年9月1日，身在法国游学的蔡元培，收到中国驻法使馆转来的电报。电报是时任民国政府教育部部长的范源濂发来的，聘请他担任北京大学校长。由此，蔡元培最辉煌的时期到来，他对大学教育体系的创立，浓墨重彩地载入了中国教育史。

北大这一舞台，使蔡元培的教育思想得到了尽情的发挥与施展；北大也因蔡元培的到来，而获得了新生，且迸发出无限的活力，成为中国大学的旗舰和标杆。

蔡元培任北大校长时，正值北洋军阀政府推行封建专制主义统治的黑暗时期，当时的北京大学由京师大学堂改名而来，不少教员是北洋政府的官员，不学无术，校内官僚积习很深，校政极其腐败。大多数学生上学的目的是升官发财，对研究学问没有兴趣。这一切都亟须彻底扭转。

蔡元培上任不久，就在全校发表演说，倡导教育救国论，号召学生们踏踏实实地研究学问，不要追求当官，同时在管理中革故鼎新，在校内大力推行新的教育方针和制度。

蔡元培深知，要振兴一所大学，仅靠思想与制度是远远不够的，必须注重人本，师资是最关键的要素。为此，他求贤若渴，唯才是举，且不拘一格。老友汤尔向蔡元培推荐了《新青年》主笔陈独秀，他立即登门拜访，力劝陈独秀出任北大文科学长。陈独秀回忆说："蔡先生约我到北大，帮助他整顿学校。我跟蔡先生约定，我从来没有在大学教过书，又没有什么学位头衔，能否胜任，不得而知。我试干三个月，如胜任即继续干下去，如不胜任即回沪。"陈独秀来到北大，《新青年》也在北大扎下了根。于是，新思想、新文化、新道德以锐不可当之势在北大兴起。北大自由办报办刊，自由讨论各种学说和主义，使一向封闭、僵化的校园顿时洋溢着开放、自由的清新空气。

1917年7月，另一位新文化领袖、白话文运动的倡导者胡适从美国学成回国，被蔡元培聘为北大教授，因胡适的介绍，北大引进了不少新派学者。

李大钊是在中国最早研究和宣传社会主义、马克思主义学说的，他的理论和实践活动也是在北大进行的。1917年11月，李大钊被聘为北大图书馆主任，后又被授予经济、史学系教授。他的《布尔什维克主义的胜利》《我的马克思主义观》《再论问题与主义》等文章，都是在北大任职时发表的。蔡元培不信仰马克思主义，但是对于别人的信仰，他从不以行政权力予以干涉和压制，认为那是他人的权利和自由。马克思主义就这样在北大成为被研究的学说，中国第一代马克思主义者才得以在北大受到理论的滋养，为日后中国共产党的成立奠定了最初的理论基础。

左起：蒋梦麟、蔡元培、胡适、李大钊在北大合影

梁漱溟进入北大，更能体现蔡元培的用人特色。梁漱溟投考北大未被录取，他在《东方杂志》发表了一篇讲佛教哲学的文章《究元决疑论》，蔡元培看了认为是"一家之言"。1917年，蔡元培破格请梁漱溟来北大任教，讲印度哲学。这一年，梁漱溟仅二十四岁。后来，梁漱溟在北大这个舞台上尽情施展，终成了举世闻名的大哲学家。

在大力纳贤的同时，蔡元培还痛裁庸才、吐故纳新并举。当时北大各科尚有若干洋教员，皆从中国驻外使馆或外国驻华使馆请托介绍而来，学问参差不齐，来校后又感染了中国教员的懒散习气，北大依照合同辞退了数人。

于是有洋教员控告校长，英国教员克德来、燕瑞博请英国公使朱尔典来同蔡元培谈判，均被拒。朱尔典曾扬言"蔡元培是不要再做校长的了"，蔡元培则一笑置之，根本不予理会。在蔡元培的心中，只有"教育质量"四字，别无其他。

蔡元培上任后，提倡"思想自由、兼容并包"的办学精神。那时北大不但聘请"左派"和激进派人士李大钊、陈独秀当教授，请西装革履的章士钊、胡适当教授，还聘身穿马褂、拖着一条长辫的复辟派人物辜鸿铭来教英国文学，喜谈怪论的国学家黄侃，甚至连赞助袁世凯称帝和筹安会发起人之一的刘师培，也登上了北大教坛。特别是被封建卫道士骂为"四大文妖"之一的"性博士"张竞生，也被蔡元培招揽来北大讲"美的人生观"，在校外出版《性史》，竭力提倡"情人制""外婚制"和"新女性中心论"。在半封闭半蒙昧的中国，张竞生的言论绝对算得上耸人听闻，惊世骇俗。

蔡元培主政无门户之见，许多学者名流来到北大，人才云集，面貌焕然一新。像鲁迅、钱玄同、刘半农等都来北大教书。于是，北大有了中国大学史上最辉煌的教师阵容。不同的思想在这里碰撞，不同的风格散发了共同的魅力，中国再度出现类似春秋战国时期"百花齐放、百家争鸣"的学术繁荣局面。

为了进一步把自己"思想自由、兼容并包"的办学精神落实，蔡元培不主张学生读死书、死读书，鼓励和引导学生参加和创办各种学术、社会团体，办报办刊。校本部就率先创办出版公报性质的《北京大学日刊》和研究学术、自由讨论的《北京大学月刊》。在他的提倡下，学校成立了"少年中国学会"等各种学会，"新潮社"等各种社团，"马克思主义研究会""新闻研究会""书法研究会""画法研究会"等各种研究会，还有"静坐会"等体育组织。学校还经常开音乐会，办运动会，允许成立学生自治会。凡此种种，逐渐把学生的注意力引导到研究学问、研究大事上来了，师生的言行都空前活跃。学生们打麻将、吃花酒的越来越少，研究学问和关心国家前途命运的有志之士越来越多，北大很快成了真正的一流学府，执全国高校之牛耳。

蔡元培任北大校长期间做了一个令人瞠目结舌的决定：开放女禁，招收

蔡元培主政北大，精英人才群聚

第一批女学生。那时，有一个勇敢的女生王兰向蔡先生请求入学，蔡元培就让她到北大当了旁听生。这件事当时轰动了北大，乃至全北京。此后招生时，就允许女生和男生一样地应考了。蔡元培曾谈道："有人问我：'兼收女生是新法，为什么不先请教育部核准？'我说：'教育部的大学令，并没有专收男生的规定。从前女生不来要求，所以没有女生；现在女生来要求，而程度又够得上，大学就没有拒绝的理。'"这是男女同校的开始，后来各大学都兼收女生了。

蔡元培在北大招生中国第一批女学生

改革的航船并非一帆风顺。在那个时代，新的教育理念的施行遇阻甚多。为捍卫"思想自由、兼容并包"的办学思想，蔡元培也多次应战。蔡元培大胆改革，遭到北京军阀的反对。安福系机关报《公言报》也组织文化围剿。他们将北大出现的新思潮视为洪水猛兽，京师警察总监朱深便告诫同僚："诸君不可视蔡元培为一书生，当视为十万雄师，吾人不可不以全副武装对付。"在黑暗势力的森然可怖的刀刃面前，蔡元培没有退缩，而是在《新青年》上发表《洪水和猛兽》为新思潮辩言。

在学术上，蔡元培自己以身垂范，身体力行"思想自由、兼容并包"的办学精神，绝不以权压人。1917年，蔡元培出版了《石头记索隐》一书，提出《红楼梦》是一部"政治小说"的概念，并说："作者持民族主义甚挚。书中本事，在吊明亡，揭清之失，而尤于汉族名士仕清者，寓痛惜之意。"恰逢五四时期，人们反清的情怀甚重，因此这本书在当时得到了广泛传播。1921年，胡适发表《红楼梦考证》，矛头直指蔡元培。他毫不客气地指出蔡的索隐是牵强附会。

为了推翻蔡元培的观点，胡适曾到处寻找录有曹雪芹身世的《四松堂集》这本书。就在他求而不得、心灰意冷、近乎绝望的时候，蔡元培却托朋友为他借到了此书，胡适根据书中的史料记载，更加充分地证明了自己批驳蔡元培的观点是正确的。

蔡元培的举动无异于给敌人送弹药，此等雅量，几人能有？在蔡元培的影响与治理下，北大容纳了各派的学说和思想，学术气氛浓厚。特别是教师们对于学术争论的态度，都颇具大师风范。有一次，钱玄同在讲课，对面教室里黄侃也在讲课。黄侃大骂钱玄同的观点如何如何荒谬，不合古训；钱玄同则毫不在乎这些，你讲你的，我讲我的。

全部身心献教育，不为自己置一物。蔡元培的两袖清风，也是有口皆碑的。1935年9月7日，蒋梦麟等联名给蔡元培祝寿，提出要为一生清廉直至晚年仍全家租赁房屋连藏书的地方都没有的老校长造一所"可以住家藏书的屋"。后来这个计划虽然由于抗战全面爆发而未能付诸行动，但反映了北大师生对蔡元培深深的敬爱之情。

1940年3月5日，蔡元培在香港病逝。

曾任北大教授的王世杰在《追忆蔡元培》一文中写道："蔡先生为公众服务数十年，死后无一间屋，无一寸土，医院药费一千余元，蔡夫人至今尚无法给付，只在那里打算典衣质物以处丧事，衣衾棺木的费用，还是王云五先生代筹的……"捧着一颗心来，不带半根草去，这就是蔡元培一生的真实写照。

蔡元培一生著作等身，20世纪90年代以来，七十多家出版社出版了有关蔡元培的近百种图书，包括文选、文集、传记、资料等，主要有《中国伦理学史》《蔡元培哲学论著》《蔡元培自述》《中国学史》《蔡元培教育论著选》《蔡元培语萃》《蔡元培随想录：人生的启示》《文化融合与道德教化：蔡元培文选》《蔡元培文集》《蔡元培选集》《蔡元培学术文化随笔》《张元济蔡元培来往书信集》《蔡元培语言及文学论著》《蔡元培论科学与技术》等。

这些皇皇巨著也折射出蔡元培对政治、思想、文化、教育等诸方面的历史影响。蔡元培是一位历史不可忘记的人物，也是一代精神楷模。

蔡元培著作封面照之一

兼容并包——郭谦楷体书法作品之一

　　结语：蔡元培改革北大，凝聚着革新力度的"思想自由、兼容并包"的办学精神，从撞击封建教育到倡导资本主义新文化，再到传播马克思主义，这是历史的跨越。思想自由、学术自由、言论自由，宽松的争鸣，总是有利于革新与进步、科学与真理。"思想自由、兼容并包"的办学精神是民族精神传承而兼容的缩影，它不仅影响了北大的发展，还对现代高校产生了深远的影响。

张自忠精神——杀身成仁

张自忠像

导语： "九一八"事变以后，东三省沦陷，华北危急，在国难当头、民族危亡之时，涌现出许多执干戈以卫社稷、为保卫祖国流尽最后一滴血的张自忠、佟麟阁、郝梦龄、吉鸿昌等民族英烈，他们以自己的鲜血和生命阐释和丰富了民族精神的内涵和外延，杀身成仁、舍生取义，谱写了令人肃然起敬的爱国主义正气歌。从长城抗战开始，在血与火的磨砺中，完成了张自忠杀身成仁精神的实质性升华。抗战全面爆发后，每次战役，张自忠都身先士卒，奋勇杀敌。最终在南瓜店之战中，与敌肉搏，壮烈殉国，用自己的满腔热血，为中国军人铸就了一座巍巍丰碑。他的死，为中国人民树立了一个杀身成仁的榜样，坚定了中国人民战胜日本侵略者、取得胜利的信心；他的死，更在日本侵略者面前昭示了中国军人的庄严人格，显示了中国人民不畏强暴的英雄气概和誓死救国的坚强决心。

正文：

1891年，张自忠出生于山东临清。父亲张树桂曾在江苏赣榆任巡检，因政绩不错，又升知县，后病卒于任上。母亲冯氏虽没有读过书，但为人通达，处事干练，治家教子都颇有章法。

1908年，张自忠考入临清高等小学堂。学习之余，他常借一些小说阅读消遣。他最喜爱的是《三国演义》《说唐》和《说岳精忠传》。这些古典名著对传统道德作了活生生的阐释，关云长、岳武穆和秦叔宝的忠义侠行和浩然之气令他心驰神往，由衷敬慕。

1911年，辛亥革命爆发。这一年冬，张自忠考入天津北洋法政学堂，并秘密加入了同盟会。不久山东巡抚孙宝琦宣布独立，他转入济南山东省法政专门学校，投身于山东的革命浪潮之中。

然而，袁世凯凭借北洋势力和帝国主义的支持，篡夺了辛亥革命的果实，随后派亲信入鲁捕杀同盟会成员。革命党人软弱无力和惨遭杀戮的命运使张自忠意识到，要挽救民族危亡，仅靠坐在学堂里埋头苦读或四处奔走呼号、鼓吹革命是远远不够的，必须拥有强大的武力才有取胜的希望。经过深思熟虑，张自忠毅然决定投笔从戎。

在朋友车震的推荐下，张自忠去十六混成旅从军，旅长是著名军事家冯玉祥。冯部是北洋军中独树一帜的劲旅。冯玉祥见张自忠长得高大英武，且颇有"沉毅之气"，便很满意地收下了他。

起初，张自忠被委为中尉差遣（见习官），不久升任排长。1918年，冯玉祥在常德设立了军官教导团，张自忠奉命进入教导团军官队深造，每次考试都是第一。半年后结业，张自忠升任学兵队第二连连长。他带兵的天赋很快显露出来。他的第二连在全旅军事考核中夺得第一，成为"模范连"。经他训练出来的全连一百二十六名士兵，后来几乎个个成才，仅军长、师长就出了十位，旅长、团长就更多了。

从这时起，张自忠爱兵如子、严中寓恩、注重军纪、治军严厉的风格已经十分突出。1921年，张自忠升任卫队团第三营营长。三年之后，又被任命为学兵团团长。

1924年秋，第二次直奉战争爆发。吴佩孚任命冯玉祥为第三军总司令，令其出古北口进击开鲁，但冯玉祥暗中班师回京，与驻防北京的孙岳部里应外合，发动北京政变，囚禁直系首领曹锟，并将溥仪皇帝驱逐出宫。在此过程中，张自忠部受命由古北口直趋长辛店，截击吴佩孚的交通兵团，迫其缴械投降。

不久，张自忠奉命移驻北京丰台。当时丰台已为英军盘踞多年。张自忠率部到达丰台时，英军不准其进入，双方发生争执。那时，许多中国军人在外侮的积威之下，对洋人不免弯腰屈膝，但张自忠血气方刚，硬是派一个连强行进驻车站。英方派人前来交涉，张自忠说："丰台车站是中国的领土，中国军队在自己的领土上执行任务，外国无权干涉。"

英军见交涉无效，就武装包围了丰台车站，向我军射击，气焰嚣张。张自忠当即命令车站守军，一面从正面还击敌人，一面派出一个班突袭敌后，英军不支，被迫撤退。但驻守铁道的英军仍不准我军士兵携带武器，致使双方再起冲突。这次英军派遣一个中国人为代表前来谈判，要求中国军队撤兵。张自忠义正词严："这是中国的领土，不是英国的地盘，撤退的应该是他们！"一句话说得来人哑口无言。英军见碰上了强硬的对手，只好认输。从此，被英军盘踞多年的丰台车站重新回到中国人手中。

二次"北伐"后，西北军的实力得到扩张，成为蒋、冯、阎、桂四大军事集团中兵力最为雄厚的一个。1930年5月，中国近代史上规模空前的军阀混战——蒋冯阎中原大战爆发。张自忠指挥的第六师进抵战略要地许昌十五里店，此地已为蒋军徐源泉部占领。张自忠部趁黑夜发起猛攻，势如疾风暴雨，一夜之间克复十五里店。后又击退蒋军丁治磐部。

反蒋联军当中，虽然西北军屡有胜绩，但桂军与晋军均作战不力，节节败退，连丢曲阜、泰安、济南，对战局影响尤大。阎锡山开始图谋自保，甚至断绝了粮弹供给，致使西北军陷入孤军苦战之局。

之后，坐山观虎斗的东北军张学良宣布放弃中立，通电拥蒋，随即挥师入关，占领华北。战局急转直下，反蒋联军败局已定。冯玉祥眼看众叛亲离，山穷水尽，被迫渡黄河北上。

西北军的土崩瓦解，使张自忠同其他将领一样面临着何去何从的选择。当他听说冯玉祥已经北渡，即带领第六师由郑州渡河北上。恰在此时，蒋介石派飞机给他空投委任状，任命他为第二十三路军总指挥，但张自忠拒绝投蒋，率部渡黄河进入山西。1931年6月，南京政府开始整编全国陆军，张自忠部队被编入第二十九军。

"九一八"事变后，日军占领东三省，扶持伪满洲国。1933年，日本关东军兵分三路进攻热河，占领了热河省会承德。举国上下为之震惊和愤慨。第二十九军主力奉命由山西阳泉开赴通州、三河等地待命，之后又奉命赴冷口策应万福麟部作战。这是张自忠有生以来第一次同日军交战。部队出发前，他召集全师营以上干部作战前动员会，慷慨激昂地说："日本人并没有三头六臂，只要我们全国军民齐心协力，与日寇拼命，就能将日寇打出中国去。国家养兵千日，用兵一时，为国捐躯，重如泰山！"

不料，第二十九军还在行进中，万福麟部已败退至喜峰口附近。鉴于敌情变化，华北当局改变计划，令第二十九军迅速赶赴喜峰口阻敌。

张自忠率部夜袭日寇

喜峰口是万里长城的一个重要关隘，也是塞北通往京都的交通要冲。前来进攻的日伪军有三万余人，先头部队攻占了东北制高点孟子岭，以火力控制了喜峰口，形势对我极为不利。

经过两天激烈交战，虽然顶住了日军的攻势，却未能克复孟子岭高地，处境仍然被动。张自忠感到这样与敌人硬拼消耗终非善策，于是同冯治安、赵登禹商议，决定组织大刀队对日军实施夜袭。

分路夜袭敌营，大获成功，杀敌上千人，有力地打击了敌人。第二十九军在喜峰口一带固若金汤的防御，使日军气馁，他们见此地突破难度大，遂将主攻方向转到罗文峪方面。罗文峪守军兵力薄弱，张自忠预见性地派部队去支援。结果日军再遭败绩，狼狈撤退。

但长城抗战还是以失败告终。因为蒋介石此时主要的注意力仍放在"围剿"红军上，他故意将长城抗战限制在一定规模内，而不愿增派后续部队。第二十九军陷于腹背受敌、孤立无援的境地，最后被迫放弃喜峰口、罗文峪阵地，向西南方向撤退。国民政府加紧向日军谋求停战，最终被迫同日方签订了屈辱的《塘沽协定》。

随着西安事变的和平解决，十年内战结束，抗日民族统一战线初步形成。

震惊中外的"七七"卢沟桥事变，使中国人民压抑已久的抗日情绪如火山一般爆发了。一时间，举国上下同仇敌忾，群情激愤。事变发生时，张自忠正在北平卧床治病。"华北王"宋哲元对日军意图缺乏清醒判断，仍致力于通过交涉解决事变，并与日方签订了停战协定，令张自忠留守北平，缓和中日关系。

8月8日，日军举行大规模入城仪式。五千名日军荷枪实弹，耀武扬威地从永定门经前门开进城内。古都北平，被日军正式占领了。为及早脱离虎口，南下参加抗战，张自忠一方面派廖副官密赴天津，找朋友商量脱险之计；另一方面派周副官南下，了解部队情况。

周副官潜出北平后一路向南追寻，终于在黄河南岸东阿一带找到了队伍。李文田、黄维纲、刘振三、李致远等几位将领得知师长的消息，一致要求师长早日归队，率部抗战。9月3日凌晨，张自忠乔装逃离北京，回到了旧部。

1937年，上海、南京相继沦陷，日本侵略者又把刀锋直指徐州，志在

张自忠率部参加台儿庄战役

夺取这一战略要地。1938年3月，日军投入七八万兵力，分两路向徐州东北的台儿庄进发。待至临沂、滕县（今滕州市），同中国军队发生了激烈的战斗。当时守卫临沂的是庞炳勋的第三军团。由于实力过于悬殊，伤亡惨重，庞部急待援军。张自忠奉调率第五十九军以一昼夜一百八十里的速度及时赶去增援。

张自忠与庞炳勋原是宿仇，但他以国家、民族利益为重，摒弃了个人恩怨，率部与庞部协力作战。敌军在飞机大炮的掩护下，配合坦克、装甲车向茶叶山阵地发起进攻。张自忠凭借"拼死杀敌""报祖国于万一"的决心，与敌激战，反复肉搏。几个阵地失而复得三四次，战况极其惨烈。经过数天鏖战，敌军受到重创，节节败退。中国军队相继收复蒙阴、莒县，共歼敌四千余人。不久，日军再派坂本旅团向临沂、三官庙发起攻势，妄图有所突破。张自忠部和庞炳勋部两军奋力拼杀，经彻夜激战，日军受到沉重打击，其向台儿庄前线增援的战略企图被完全粉碎，台儿庄大捷。

不久之后，张自忠又率部参加了武汉会战，在潢川与敌血战十日，重创日寇于河南潢川，随即又被晋升为第三十三集团军总司令，进驻鄂西荆门县（今荆门市）一带，在汉水两岸与日寇展开了周旋。

从1938年11月到1939年4月初，短短四个月，张自忠指挥部队接连进行了四次中小规模的战役，歼敌不下四千人。其中，2月的京山之役战绩尤佳。当时的国民政府主席林森签发命令，授予张自忠宝鼎勋章一枚。1939年5月2日，国民政府又颁布命令，为张自忠加授上将军衔。

1939年5月，中日两军在鄂北地区展开了第一次大交锋——随枣会战。5月1日拂晓，日军在强大火力支援下，向襄河以东张自忠右翼兵团一八〇师和三十七师发起猛烈进攻。张自忠部凭借工事顽强抗击，以血肉之躯支撑着并不坚固的防线，连续击退敌人三次进攻。战至6日，日军发起第四次进攻，张自忠部阵地被突破，狮子山、杨家岗、长寿店等相继失守。8日拂晓，张自忠率幕僚及总部人员冒雨渡河，向东疾进。10日，该师在田家集以西伏击日军辎重联队，一举歼灭其一千余人，并缴获一大批弹药给养和药品。由于该辎重联队的覆灭，日军渡河攻

张自忠

击襄阳的计划落空了。

这一年12月，张自忠率领右翼兵团参加冬季攻势，数万大军发起猛烈攻势。经过八昼夜血战，攻克罗家陡坡北面的曾家大包。随后，又在王家台子一带杀伤日军一千五百多人。

在指挥部队展开正面进攻的同时，张自忠还策划了一次奇袭行动，以二百八十人伤亡的代价，歼灭日军近千人。

此后，日军第十三师团向汉宜公路反攻，国民党江北兵团伤亡惨重，于22日撤回襄河西岸。这样一来，右翼兵团陷入孤军苦战的境地，日军得以将兵力集中，攻击右翼兵团。我军各路出击部队纷纷告急，要求后撤。

但张自忠不为所动，他在电话中对要求撤退的部将说："来电总说牺牲惨重，营长以上的官长阵亡了几个？今天退，明天退，退到西藏，敌人也会跟踪而追。现在是军人报国的时机，我们要对得起国家，对得起民族，对得起已死的弟兄。希望你苦撑几天，以待援军，免得你我成为国家的罪人！现在只准前进，不准后退！阵地就是我们的坟地，后退者死！"

官兵们咬牙坚持，在长寿店南北之线与敌鏖战。张自忠适时将总预备队第八十四军投入战斗，基本稳定了战线。此后应援右翼兵团的第七十五军和第五十五师到达前线。2月14日，张自忠下令反攻，日军抵挡不住，向东南溃退，张部跟踪追杀，斩获甚众。

1940年5月，日军为了控制长江交通、切断通往重庆运输线，集结三十万大军发动枣宜会战。当时中国军队的第三十三集团军只有两个团驻守襄河西岸。张自忠作为集团军总司令，本来可以不必亲自率领部队出击作战，但他不顾部下的再三劝阻，坚持让副总司令留守。张自忠率两千多人东渡襄河后，一路奋勇进攻，将日军第十三师拦腰斩断。日军随后以优势兵力对张自忠部实施包围夹攻。张自忠毫不畏缩，指挥部队向人数比他们多出1.5倍半的敌人冲杀十多次。日军伤亡惨重。

5月7日拂晓，张自忠东渡襄河，率部北进。在日军集结重兵南下时，张部主力本应暂时规避，伺机集中力量分别围歼来犯之敌。但是，蒋介石被日方的假情报迷惑，错误判断形势，下令第五战区部队同时围歼南北两路日军。虽然张自忠在河东的部队只有五个师二万余人，兵力仅及敌军一半，但军人以服从命令为天职，他立即根据自身情况调整部署。然而不幸的是，张自忠的电报密码被日军截获破译，军事部署被敌方掌握。日军当即调集两个师团另加四个大队奔袭而来。14日，双方发生遭遇战。15日，张自忠率领的一千五百余人被近六千名日寇包围在南瓜店以北的沟沿里村。15日上午，日军发动进攻。敌我力量极其悬殊，战斗异常惨烈。至下午3时，张自忠身边士兵已大部阵亡，他本人也被炮弹炸伤右腿。此时，他已撤至杏仁山，与剩下的十几名卫士奋勇抵抗，竟将蜂拥而至的日军阻于山下两个多小时。激战到16日拂晓，张自忠部被迫退入南瓜店十里长山。日军在飞机大炮的掩护下，向其阵地发起猛攻，一昼夜发动九次冲锋。张自忠部伤亡人员急剧上升，战况空前激烈。

5月16日，张自忠自晨至午，一直疾呼督战，午时他左臂中弹仍坚持指挥作战。到下午2时，张自忠手下只剩下数百官兵，他将自己的卫队悉数调去前方增援，身边只剩下参谋和副官等八人。

不久，大批日兵已冲到面前。张自忠从血泊中站起，子弹打中了他的头，他端起刺刀拼尽全身力气猛然刺向敌人，随后他那高大的身躯轰然倒地。

张自忠战死后，日本人发现张自忠遗体，视为战神，一起膜拜行礼，用上好的棺木盛殓，并树木牌，甚至在他的遗体运回后方之时，日军下令停止空袭一日，避免伤到张自忠的忠骸。可见，张自忠在对日抗战所展现的军人武德，连当时崇尚军国主义的日军都为之感动。

1940年5月28日清晨，当灵柩运至重庆朝天门码头时，蒋介石亲自扶灵执绋，护送灵柩穿过重庆全城，国民政府发布国葬令。中国共产党对于张自忠的牺牲也深为震惊和痛惜。8月15日，延安各界一千余人为他举行了隆重的追悼大会。

张自忠战斗到生命的最后一刻

杀身成仁、播美千载——郭谦行书作品

　　结语：张自忠生于忧患，长于忧患，死于忧患。他在忧患中奋斗了一生，竭尽了全力，为国家、民族付出了一切。他的一生，没有愧对国家民族，没有愧对祖宗，更没有愧对军人的称号。张自忠杀身成仁、舍生取义的精神就是对国家、对民族的忠诚之志，以及为国家、为民族不惧牺牲的壮烈之义。在民族国家危难之际，张自忠所表现出来的这种精神，是民族心理和民族精神的最高体现，对于维系中华民族的生存、推动中华民族的历史进程具有重要意义。如今，张自忠的精神已经融入中华民族奔腾不息的精神长河，激励着海内外中华儿女为实现中华民族伟大复兴而不懈奋斗。

华罗庚精神——自强不息

华罗庚像

导语：华罗庚是一个家喻户晓的传奇人物。他曾以"人民的数学家"至高荣誉成为"感动中国·双百人物"之一。他以初中的文化水平自学成才、自强不息，出版了十部专著，发表了两百多篇论文，奠定了他在世界科学界的崇高地位——开创国际公认的"中国数论学派"，当选为中国科学院院士、第三世界科学院院士和美国科学院一百二十年历史上第一位中国籍院士。他的专著《堆垒素数论》发表数十年，仍居世界领先地位；

他大力推行的统筹法、优选法广泛应用于生产生活；"像华罗庚一样学好数学"的口号，激励了一代代人的成长。

❀ 正文：

1910年11月12日，华罗庚出生在江苏省金坛县一位小店主家中。他的父亲华老祥是在四十岁时才得子，很担心儿子养不大，听说放进箩筐可以生根，容易养活，所以他父亲说"放进箩筐避邪，同根百岁，就叫箩根吧"。后来将"箩"字去掉"竹"字头取了"罗"字，而"根"与庚同音，那年又是庚戌年，又用了一个"庚"字。这就是华罗庚名字的由来。

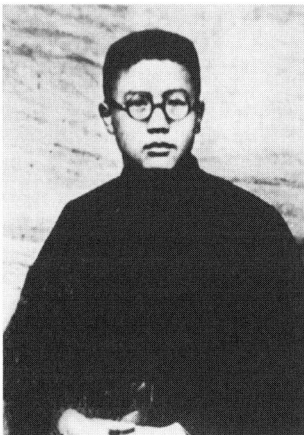

少年华罗庚

在金坛仁劬小学，华罗庚度过了少年时代。原来他是个很调皮和贪玩的孩子，但很有数学天赋。有一次，数学老师出了一个中国古代有名的算题："有一样东西，不知是多少。3个3个地数，还余2；5个5个地数，还余3；7个7个地数，还余2。问这样东西是多少？"题目出完后，同学们议论开了，谁也说不出得数。老师刚要张口，华罗庚举手说："我算出来了，是23。"他不但正确地说出了得数，而且算法也很特别。这使老师大为惊诧。

华罗庚爱动脑筋，总喜欢追求更简便的算法。

在中学读书时，他曾对传统的珠算方法进行了认真思考。经过分析，他认为，珠算的加减法难以再简化，但乘法还可以简化。乘法传统打法是"留头法"或"留尾法"，即先将乘法打上算盘，再用被乘数去乘；每用乘数的一位数乘被乘数，则在乘数中将该位数去掉；将乘数用完了，即得最后答案。华罗庚觉得，何不干脆将每次乘出的答数逐次加到算盘上去呢？这样就省掉了乘数打上算盘的时间。例如：28×6，先在算盘上打上 $2 \times 6 = 12$，再退一位，加上 $8 \times 6 = 48$，立即得168，只用两步就能得出结果。对于除法，也可以逐步相减来算，这样节省的时间更多。凭着这一点改进，再加上他擅长心算，华罗庚在当时上海的珠算比赛中获得了冠军。

可一年后，华罗庚还是因为交不起杂费和食宿费而辍学了。辍学之后，他更懂得用功读书。可怜的是他只有一本《大代数》、一本《解析几何》，以及一本从老师那儿借来摘抄的五十页的微积分。

为了抽出时间学习，他经常早起。隔壁邻居早起磨豆腐的时候，华罗庚已经点着油灯在看书了。酷暑的晚上，他也很少到外面去乘凉，而是在蚊子嗡嗡叫的小店里学习。严冬，他常常把砚台放在脚炉上，一边磨墨一边用毛笔蘸着墨汁做习题。每逢年节，华罗庚也不去亲戚家里串门，埋头在家里读书。大家给他起了个绰号，叫"罗呆子"。

十九岁那年，华罗庚染上了伤寒病。这场大病，从旧历腊月廿四开始，足足病了半年，从他因病左腿残疾，走路要左腿先画一个大圆圈，右腿再迈上一小步。对于这种奇特而费力的步履，他曾戏称为"圆与切线的运动"。

在逆境中，华罗庚顽强地与命运作抗争，他发誓："我要用健全的头脑，代替不健全的双腿！"经过几年的自学，华罗庚开始在杂志上投稿。一开始，他的稿件不断被退回，原因是他写的问题已被国外某个专家证明过了。这反而给华罗庚增添了信心，因为这些问题都是他自己钻研出来的，并没有看过别人的解法。

1930年，华罗庚在《科学》杂志上发表了一篇论文《苏家驹之代数的五次方程式解法不能成立的理由》。清华大学数学系主任熊庆来教授在学校图书馆随手翻阅杂志，看到这篇文章，向周围的同事追问："这个华罗庚是哪国的留学生？"没人能够回答，再问，"他是在哪个大学教

华罗庚在剑桥求学

书的？"大家仍是面面相觑。

熊庆来没有想到这篇具有创见理念的文章的作者是一个辍学的初中生，于是立即决定要把这个青年人请到清华来。熊庆来全力向学校申请，破格聘用华罗庚担任清华大学数学系办公室助理员。这样，二十一岁的华罗庚一瘸一拐地走进了清华，走进了他梦里向往而与他大半生有着紧密联系的地方，真正开始了他的数学生涯。

在清华大学的前四年，华罗庚在数论方面发表了十几篇论文，自修了英语、法语、德语。二十五岁时他已成为蜚声国际的青年学者，因而由助理提升为助教、教员，之后又被中华文化教育基金会聘为研究员。

1936年，华罗庚由清华保送到英国留学，就读的是最著名的剑桥大学。数学首席教授哈代托人告诉华罗庚，他只要一年就可以获得博士学位，需要一年专心研究一个问题，但华罗庚说："我来剑桥，是为了求学问，不是为了得到学位的。"他放弃了博士学位，作为访问学者同时攻读七八门学科，在剑桥的两年时间写了二十篇论文。按他现有的水准，每一篇论文都可以拿到一个博士学位。他提出的一个理论被数学界称为"华氏定理"，改进了哈代的结论，哈代说："太好了，我的著作把它写成是无法改进的，这回我的著作非改不可了！"华罗庚被认为是"剑桥的光荣"！

在剑桥大学的两年，华罗庚就"华林问题""他利问题""奇数的哥德巴赫问题"写了十八篇论文，先后发表在英、苏联、印度、法、德等国的杂志上，其中一篇《论高斯的完整三角和估计问题》彻底解决了19世纪数学王子高斯提出的数学问题，轰动一时。按其成就，已经越过了每一条院士的要求，但在剑桥他从未正式申请过学位。他拥有的唯一一张文凭，就是初中毕业文凭。

1938年，抗日战争打得如火如荼，英国人要华罗庚留下来教书，他毅然放弃在英国的一切回到祖国，到西南联大与同胞们共患难。清华大学的资格审查委员会一致通过，让只有初中文凭的华罗庚晋升为大学教授。

在西南联大的生活很艰苦。日本的飞机天天轰炸昆明。有一天，华罗庚正在闵家的防空洞里研究数学，敌机突然来了，沿山沟丢下一串炸弹。华罗庚所在的防空洞被炸塌了，人都被埋在了土里。华罗庚被挖出来的时候，身上长衫的下半截都不见了，眼镜也不知道丢到哪里去了，咳出来的痰里都带着血。华罗庚差一点儿被活埋的消息传到了学校，文学院的闻一多教授知道后，邀请华罗庚去他家同住。那时，闻一多搬到了离城十多里远的陈家营村。陈家营村到昆明市，中间隔着两座小山，华罗庚腿脚不便，每天坐老农拉的马车到学校去，一次来回要花半天时间，但他上班从没迟到过一次。在这样艰辛的日子里，华罗庚写出了《堆垒素数论》。这部研究整数性质的巨著成为20世纪经典数论著作之一。

1946年秋，迫于国内的白色恐怖，华罗庚再次出国，美国伊利诺伊大学把华罗庚聘为终身教授，并给了他相当优厚的待遇，希望他把那里建成世界级的代数研究中心。1950年，新中国成立的消息传到美国，华罗庚毅然放弃了优厚的条件，举家回国。

在生命的后20年，华罗庚走出了书房，走出了大学，带着他的数学理论走进人群、走进生活。他在实际生产中研究出"双法"——统筹法和优选法，把高深的数学理论与工农业生产直接联系起来。1965年6月6日，《人民日报》以整版篇幅，发表了华罗庚的《统筹方法平话》。

华罗庚在工农中面对面推广科学知识

为了推广"双法"，华罗庚拄着拐杖行走在崎岖的山路、陡峭的悬崖、狂风怒吼的沙漠、喧嚣的工地。两次严重的心肌梗死都没有阻挡住他推广"双法"。二十年的时间，华罗庚的足迹遍布全国二十七个省、自治区直辖市的上百个市县和上千个工矿、农村，总计行程二十万千米，向数以万计的人普及数学，他还曾创下一堂课吸引十万人的空前纪录。

1979年10月8日，华罗庚应英国数学界邀请，在伯明翰大学演讲，他的演讲题目是《为百万人的数学》。

演讲结束后，英国的教授们把华罗庚围住。有人说，华教授做了这么多推广"双法"的工作，肯定赚了很多钱。华罗庚想了想，答道："我确实赚了很多钱，但是不在我的口袋里，是在国家的口袋里、人民的口袋里。"

华罗庚把毕生的精力都投入发展祖国的科学事业中，特别是数学研究事业之中。他一生为我们留下了二百余篇学术论文、十部专著，其中八部为国外翻译出版，有些已列入20世纪数学经典著作之列。他还写了十余部科普作品。他的名字被载入国际著名科学家的史册，他是中国科学界的骄傲，是中华民族的骄傲。

华罗庚写了很多科学研究著作，为了普及科学知识，也为中学生、工农民众写了大量的科普著作。1956年，华罗庚写了一本科普著作《从孙子的神奇妙算谈起》，这是他献给中学生的礼物，他还写了一首诗作为这本书的序。诗中说：

神奇妙算古名词，师承前人沿用之，
神奇化易是坦道，易化神奇不足提。

妙算还从拙中来，愚公智叟两分开，
积久方显愚公智，发白才知智叟呆。

埋头苦干是第一，熟练生出百巧来，
勤能补拙是良训，一分辛劳一分才。

诗的最后两句"勤能补拙是良训，一分辛劳一分才"道出了成功的真谛，即勤奋、自强不息是成功的必由之路，也是成功的源泉。

华罗庚著作

自强不息——郭谦隶书作品

结语：华罗庚的一生是传奇的一生。他身残志坚，刻苦自学，在逆境中奋发努力，秉持报效祖国、服务社会、一心为民的坚定信念，成为当代杰出的数学家。他是我国解析数论、典型群、矩阵几何学、自守函数论与多复变函数论等许多方面研究的创始人与开拓者；在数论、矩阵几何学等诸多领域取得了卓越成果；他是中国计算机事业的开拓者，为中国计算机事业做出了重要贡献；他倡导应用数学，最早把数学理论和生产实践相结合，致力于发展数学教育和科学普及工作，被誉为"人民的数学家"；他培养了大批蜚声中外的杰出人才，还创立了"华罗庚金杯"少年数学邀请赛，让更多的孩子爱上数学。

华罗庚是自学成才的典范，他自强不息的精神鼓舞着每个青少年奋发向上。华罗庚的事迹，历久而弥新。他人生每一个时期的故事，都是对中华文化的传承和传统美德的诠释，他生命中的每一次呼吸，都定格成了奋斗和超越的符号，演化成了催人奋进的"华罗庚精神"。

齐白石精神——另辟蹊径

导语：齐白石是我国近现代著名国画家和杰出的艺术大师，他不仅是中国传统绘画的继承者，还是革新者。在花甲之年，他励精图治，实行"衰年变法"，其大智大勇令人感佩。可以说，齐白石从一个木匠成长为世界级的艺术大师，贯穿他一生的成功诀窍之一就是强烈的创新意识和另辟蹊径的探索精神。

齐白石像

正文：

1864年1月1日，齐白石出生在湖南湘潭杏子坞，小名阿芝。齐白石出身寒门，八岁开始入蒙馆读书，不到一年便辍学在家，砍柴放牛。因他身体孱弱，干不了田里的重活，家里就让他跟一位本家叔祖学习木匠手艺，为人盖房子、做桌椅板凳和种田工具等。

十六岁时，齐白石投师到周之美门下，改学雕花木艺。转眼三年过去了，齐白石的刀法运用自如，雕刻出来的图样精美，深得方圆百里的人喜欢，人们称他为"芝木匠"。

二十岁那年，齐白石随师傅外出干活时，在一个主顾家里无意中见到一部乾隆年间翻刻的《芥子园画谱》。齐白石仔细翻阅之后，发现里面的图画自己也能画，如获至宝，遂把书借回家。夜晚，齐白石忍着不睡，伴着油灯，用薄竹纸一幅幅地勾影，如痴如醉。半年过去了，纸上的花样逐渐生动、活泛起来。从那以后，齐白石做雕花木活，就用画谱作依据，既能花样出新，画法又合规则。这为他后来绘画打下了良好的基础。

齐白石正式学画，已是二十七岁了。那时，齐白石家里的情况很不好。人口一天天增多，年景不是旱就是涝，田里庄稼收不了多少，赋税又重，全家人常常吃了上顿没下顿，日子十分凄苦。

这一年，齐白石拜陈少蕃、胡沁园为师。齐白石跟陈少蕃读《唐诗三百首》，因为小时候的基础，只用了两个月的时间就把诗文一字不差地背了下来。接着，齐白石又读了《孟子》、唐宋八大家的古文、《聊斋志异》等。他一边读书，一边跟胡沁园学画。胡沁园向他传授了许多作画的理论，还把自己收藏的古今名人的字画拿出来让齐白石仔细临摹，同时又介绍齐白石向湘潭名画家谭荔生学习画山水。

在两位老师的悉心教导下，齐白石的书画大有长进，也很快融入文人雅士的社交圈子。读书学画让他眼界渐宽、画艺渐长。他收起斧锯钻凿，拿起画笔，决定卖画养家，向乡间文人和画师方向转变。

从1864年到1901年，齐白石从没有离开过故乡。乡间的事物成了他画作中的常客。别的画家不屑于理会的锄头、铲子、小虫、青蛙，甚至老鼠都跃然于他的画纸上。他的画朴素自然，一见就仿佛闻到了来自乡村的气息，听到了孩童们稚嫩清脆的歌谣。

对艺术的执着追求让他四十岁以后用了八年时间到名山大川，领略大江南北风情，即"五进五归"。就在五十七岁那年春夏之交，齐白石的家乡发生了兵事，家乡谣言四起，有碗饭吃的人，纷纷另谋避乱之所。他迫不得已辞别了父母妻子，携着简单的行李，独自北上，成了一名"北漂"。也正是由于这次北上，齐白石迎来了艺术人生的重要转折。

齐白石相遇贵人陈师曾

齐白石到了北京，寄住在法源寺内。北京对他来说，是一座陌生的城市，他没有名气，也不被社会接受。平日里卖画刻印，生活过得并不好，再加上那时物价低廉，卖画刻印只可以勉强维持生计。

正在齐白石孤单地飘零时，他遇到了人生知己陈师曾。陈师曾虽然比齐白石小十三岁，但其时已名满天下，是吴昌硕之后革新文人画的重要代表。据齐白石自述，他与陈师曾相遇纯属偶然。有一天，陈师曾去琉璃厂闲逛，不经意间见到齐白石的印章，大为赞赏，便特意赶到法源寺拜访。没想到，两人一见如故，成为莫逆之交。

此后，陈师曾应邀去日本参加中日联合绘画展览会，他带了数幅齐白石的花卉、山水画作，供展览出售。没想到，齐白石的画一挂出来，便销售一空，花卉每幅卖了一百银币，二尺纸山水更是卖到了二百五十银币。不仅如此，法国人也拿了齐白石和陈师曾的画，准备参加巴黎展览会。日本人还专门为它们拍摄了纪录片，在东京艺术院放映，轰动一时。

消息传来时，齐白石大喜过望。从此，买齐白石画的人多了起来。虽然他会有"一身画债终难了，晨起挥毫夜睡迟"的烦恼，但日常生活有了很大改善，再也不用过那种寄人篱下的清寒日子了。

陈师曾鼓励齐白石尽快自成一体，走艺术的创新之路。在齐白石这个岁数，其他的画家早已急于守成，作品少有，更别说是改变画风，追求陌生的艺境，唯齐白石有这样的决心和毅力。齐白石发誓说："余作画数十年，未称己意。从此决定大变，不欲人知，即饿死京华，公等勿怜，乃余或可自问快心时也。"

"扫除凡格总难能，十载关门始变更。"正是在1920年至1929年间，齐白石以超出常人的意志和精力，用十年时间关门闭客，潜心研究，不断摸索。从原来刻意追求和摹仿前辈大师，到信手拈来任意发挥；从疏朗冷逸，到热烈厚重，齐白石的变法经历了一个痛苦而漫长的过程。到1928年，齐白石在花鸟画上变法的新风格已经成熟，进入了"一花一叶扫凡胎，墨海灵光五色开"的自由境地，带有强烈齐白石个人符号的"红花墨叶"派画风开始独步画坛。

然而，他在北京依然是知音寥寥。正像他自己说的："懂得我的画的，除陈师曾外，绝无仅有。"陈师曾1923年便英年早逝了。失去唯一知己的齐白石遭到了同行的蔑视。北京画坛保守派认为齐白石的画是"野狐之禅""不能登大雅之堂"等。

绝望中亦孕育着希望。齐白石在 "十载关门"的最后一年，即1929年，徐悲鸿到北京，他在琉璃厂看到齐白石的画作，立即认为齐白石是一位国际大师级的画家。徐悲鸿赞扬齐白石的画"妙造自然""致广大尽精微"。

一次画展，齐白石的作品受到冷落，被挤到一个不被人注意的角落里。当徐悲鸿在展厅内看到齐白石的作品《虾趣》时，心中暗喜："真是一幅妙趣横生的佳作啊！"他立即找来展厅的负责人，把《虾趣》放在展厅中央，与他的作品并列，并将《虾趣》的标价从八元改为八十元，而自己的那幅《奔马》标价才七十元。他还在《虾趣》下面注明"徐悲鸿标价"字样，此事轰动了整个北京城。

之后，徐悲鸿为齐白石编画集，亲自写序，送到上海出版。除此以外，徐悲鸿还请齐白石到自己任院长的北京艺术学院做教授，并亲自驾马车接齐白石到学校上课。徐悲鸿对学生说："齐白石可以和历史上任何丹青妙手媲美，他不仅可以做你们的老师，也可以做我的老师。"齐白石给徐悲鸿的信里写道："生我者父母，知我者君也！"

齐白石在贵人徐悲鸿力荐下走进大学讲堂

1949年，新中国成立，齐白石受到国家的重视，他曾担任中央美术学院名誉教授、中央文史馆馆员。1953年，文化部授予齐白石"杰出的人民艺术家"称号。齐白石先担任了北京中国画研究会主席，后当选为中国美术家协会第一任理事会主席。1956年，世界和平理事会宣布授予齐白石国际和平奖金。1957年，齐白石担任北京中国画院名誉院长。同年9月16日，他在北京医院逝世。

齐白石的代表作有《蛙声十里出山泉》《墨虾》等，著有《白石诗草》《白石老人自述》等。齐白石的弟子很多，其中著名的有李苦禅、李可染、王雪涛、王漱石、王铸九、许麟庐、陈大羽、李立、娄师白、张德文、萧龙士等。目前，齐派再传弟子及三代、四代弟子总数达数十万人，蔚为壮观，这在中国画坛是很奇特的现象。出现规模如此庞大的画派当然源于齐白石精美的画作获得了越来越多的人认可和喜爱，齐白石的绘画精神激励了无数美术爱好者奋发向上。

说到齐白石的绘画精神，人们会追问，齐白石的绘画精神具体指的是什么呢？笔者认为有以下四点。

第一，执着的精神。齐白石用几十年的时间来打基础，早年四处求艺求学，一生写生不间断，作诗不间断，创新不间断。就连晚年声望很高的时候，还半夜起来写字、画画。正因为他有着执着的精神，所以没有被市场牵着鼻子走，而是用艺术创造了市场。

第二，不求名利的精神。1903年，朋友樊樊山曾要推荐齐白石进宫当画师，并给他个六七品的官衔，但被他谢绝了。抗日战争中，日本侵略者用高薪聘他去教学，也被他拒绝了。他宁可过清贫的生活，也要守着清高的民族气节。艺术之路的艰苦磨炼赋予他一种不求名利、心平气畅、直抒胸臆的绘画意境。因此，齐白石的画越看意越远，越看情越深。

第三，深入生活、观察生活的精神。齐白石看似信手拈来的写意小品，实际上是精心酝酿、落笔成章、结构严谨的精美之作。在艺术上，他达到了炉火纯青的境地。一方面是由于他掌握了高超的艺术技巧；另一方面是他对生活的深入观察研究。齐白石画草虫都来自写生。他画的虾、蟹等都经过长期观察，因而富有生气。

第四，不囿于古人、另辟蹊径的精神。齐白石具有"胆敢创造"和"超越千古"的创新精神，主张"我行我道，下笔要有我法"，他尊重前人却不因袭前人，师古而不泥古。敢于另辟蹊径是齐白石精神中最精华的部分，也是齐白石弟子李可染、李苦禅、王雪涛等大师成功的要诀。这种精神可以铸就一个个不欺世媚俗、执着追求的艺术大师成熟成长，而给后人留下了一件件和谐奇趣、寓意无穷的传世佳作。

衰年变法后齐白石创大写意红花墨叶法作品

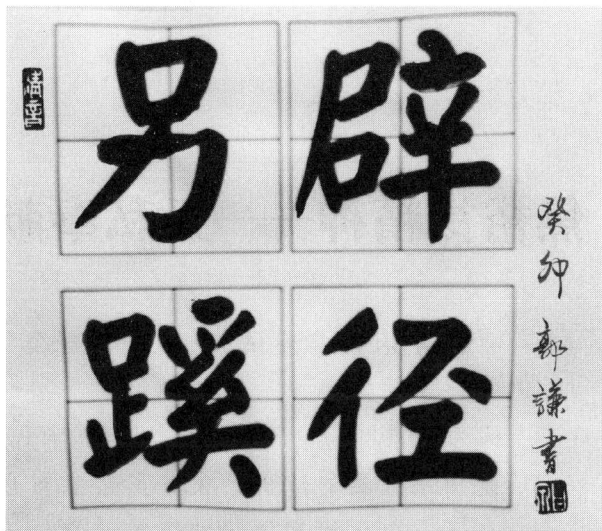

另辟蹊径——郭谦楷书作品

　　结语：在现代的中国画家中，齐白石的生活经历和艺术贡献都是非常丰富的，他有着和社会一般画家不同的出身，走着一条较特殊的道路。他凭借自己坚韧不拔的毅力与另辟蹊径的开拓进取精神在中国绘画领域不断挖掘与创新，最终取得了"衰年变法"的成功，并且开启了中国现代绘画的新风尚，为中国美术发展史写下了浓墨重彩的一笔，也为世界文化艺术宝库贡献出一笔无价的精神文化财富。他的成就和贡献值得我们进一步去研究和赞扬，他的精神值得我们进一步传承弘扬。

焦裕禄精神——无私奉献

焦裕禄像

导语：焦裕禄作为人民的好公仆，用光辉的一生铸就了无限忠诚、爱民如子、科学探索、埋头实干、无私奉献的焦裕禄精神，是中华民族的宝贵财富，是中国人民的道德楷模。虽然焦裕禄已经离开我们很久了，但他崇高的精神跨越时空、历久弥新，无论过去、现在还是将来，都永远是人民心中一座永不磨灭的丰碑。

❀ 正文：

1922年8月，焦裕禄出生在山东博山一个贫苦的农民家庭，青少年时代受尽了苦难。七岁上学，学习刻苦认真。1932年，家乡遭遇灾荒，十一岁的焦裕禄被迫退学，跟随乡亲推着独轮小车，运煤、卖煤。抗日战争时期，日本侵占博山。为了一家人的生活，他被迫到黑山煤窑当小工。每天干十几个小时的重活，得到的仅仅是一点儿橡子面，别说是养家糊口，连自己的肚子也填不饱。

焦裕禄的父亲因无钱还债，被地主活活逼死。在煤窑里，焦裕禄不能忍受日寇的非人折磨，和工友一道同敌人进行了不屈不挠的斗争，后来冒着生命危险逃出了煤窑。

焦裕禄逃荒要饭跑到江苏宿迁，不得不给一个胡姓地主当长工。在这里他受到了更厉害的折磨，甚至在他生病的时候，地主还逼他干活。

1945年，抗日战争取得胜利，焦裕禄回到了家乡，参加了民兵队伍，并担任班长。他经常带领民兵打土豪，配合部队消灭敌人。在党的教育、培养下，焦裕禄于1946年1月光荣地加入了中国共产党，成为一名坚强的革命战士。

解放战争后期，焦裕禄随军离开山东，到了河南，分配到尉氏县工作，一直到1951年。他先后担任过副区长、区长、区委副书记、青年团县委副书记等，又先后被调到青年团陈留地委工作和青年团郑州地委工作，担任过团地委宣传部部长、第二副书记等。

1953年，焦裕禄被抽调到洛阳矿山机器厂工作，厂里派他到哈尔滨工业大学学习，到大连起重机厂实习。在哈尔滨工业大学学习期间，他是优秀学员；在大连起重机厂实习期间，职工称他为"最棒的车间主任"；在洛阳矿山机器厂任调度科长时，大家热情地称他为"精明科长"。最终，他由外行变内行，成为工业战线上的红旗手。

1962年6月，为了加强农村工作，焦裕禄又被调回尉氏县，任县委书记处书记。同年12月，上级委派焦裕禄到兰考县担任县委书记。当时，正是我国国民经济处于低迷时期，兰考的风沙、内涝、盐碱等自然灾害很严重。横贯全境的两条黄河故道，是一眼望不到边的黄沙；片片内涝的洼窝里，结着青色的冰凌；白茫茫的盐碱地上，枯草在寒风中抖动。

焦裕禄抱病在风沙中视察灾情

这一年，春天风沙打毁了二十万亩麦子，秋天淹坏了三十万亩庄稼，盐碱地上有十万亩禾苗被碱死，全县的粮食产量下降到历史最低。

地委组织部同志在和焦裕禄谈话时，明确地告诉他，兰考是个最困难的县，要他在思想上有个充分准备。当时焦裕禄态度十分坚决地说："感谢党把我派到最困难的地方。越是困难越能锻炼人。请组织放心，不改变兰考面貌，我决不离开那里。"组织上要焦裕禄回去安置好家人再去兰考报到，焦裕禄却立即到兰考报到去了。他说："兰考正在严重困难的时候，那里的群众正盼望党组织派来的人组织他们向困难作斗争。"

在担任县委书记的日子里，焦裕禄视群众利益高于一切，在漫天风雪中走村串户访贫问苦，在洪水暴发时抱病到灾区察看灾情。他重视科学，在兰考的四百七十天里靠着自行车和铁脚板跋涉五千余里，对全县一百四十九个生产大队中的一百二十多个进行走访、调研，找到了风沙、盐碱、内涝"三害"形成的原因，制定出切实可行的治理规划。他勇于创新，不搞本本主义和经验主义，探索出了淤泥盖沙、排涝治碱、植树挡风等治理"三害"的有效措施。他注重实干，脚踏实地，身体力行，亲自到治理"三害"的第一线，绿化荒滩的时候与大家一道一棵树一棵树地栽，改造盐碱地的时候一车土一车土地运。经过一年的艰苦奋战，兰考的除"三害"工作取得了明显成效。

焦裕禄率领兰考县百姓除"三害"

焦裕禄始终牢记权力是党和人民给的，手中的权力只能为兰考老百姓谋利益、服务，而不是给自己、亲人谋私利。1964年2月7日，国家下拨一批救济棉花，救灾办公室有人看焦裕禄的棉袄补丁摞补丁，决定照顾他三斤，让他做件新棉袄。他回家看到妻子拿着三斤棉花票，一听是"照顾"的，开口就说："不中！兰考现在还有好多群众缺衣少穿，救灾物资是给群众的，这棉花咱咋能要？我是领导，可不能搞特殊啊！"妻子赶紧把棉花票退了回去。焦裕禄的大女儿焦守凤初中毕业后在家待业，有人向他提议"小学教师不够用，让守凤去学校教书吧"，他也坚决不答应。

焦裕禄总是在群众最困难的时候出现在群众的面前，在群众最需要帮助的时候去关心群众、帮助群众。1963年12月，一个大雪纷飞的晚上，焦裕禄到梁孙庄看望双目失明的梁大娘。老人摸着焦裕禄的手问："你是谁呀？大雪天来干啥？"焦裕禄在老人耳边说："我是您儿子，毛主席叫我来看望您老人家。"

一个风雪堵门的夜晚，焦裕禄辗转反侧、一夜未眠。次日一大早，他组织干部开会："雪下这么大，会给群众带来很多困难，这个时候，咱们可不能坐在办公室里烤火，应该到群众中去。"焦裕禄始终把群众的冷暖疾苦挂在心头，想群众之所想、急群众之所急、帮群众之所需，与群众心相连、情相依，同呼吸、共命运。

焦裕禄无私奉献，经常坚持带病工作，直到生命的最后一刻，他想的仍然是人民群众的幸福安康，仍然是如何治理"三害"，如何完成党交代的任务。他逝世时年仅四十二岁。

焦裕禄在兰考实际上也只是工作了一年零几个月，他却给人民留下了一个共产党人的高大形象和许多宝贵的精神财富。正是有着一大批像焦裕禄那种敢于"在困难面前逞英雄""心中装着人民，无私奉献"的干部，我们国家才能克服历史上的一个又一个危难而一往无前。这也是成千上万人一往情深地怀念焦裕禄、呼唤焦裕禄的真正原因。

无私奉献——郭谦行书作品

结语： 焦裕禄精神是我们国家和民族的宝贵财富，其基本内涵是亲民爱民、艰苦奋斗、科学求实、迎难而上、无私奉献。清正廉洁、无私奉献，是焦裕禄精神的鲜明特点。

焦裕禄的一生就是无私奉献的一生，他把青春奉献给了党的事业，把生命奉献给了兰考人民。在兰考工作期间，他始终在为改变兰考的面貌呕心沥血、忘我工作，从来不计回报，真正践行了一个共产党员无私奉献的最高精神追求，践行了一个共产党员的诺言。

学习弘扬焦裕禄精神，就要像他那样实现好、维护好、发展好最广大人民的根本利益，视其为职业道德的根本准则，作为人生追求的根本目标。只有这样，才能正确对待公与私、名与利，形成正确的群众观，才能干干净净、清清白白，始终保持清正廉洁的形象。学习弘扬焦裕禄精神，就是要自觉以焦裕禄为标杆，看与他"心里装着全体人民，唯独没有他自己"的公仆精神的距离有多远，看与他"风沙最大的时候，大雨瓢泼的时候，风雪铺天盖地的时候"的工作作风的差距有多大，要像他那样亲民、爱民、为民，这样才能赢得群众的尊重与信任。

雷锋精神——助人为乐

雷锋像

导语：雷锋，一个只有22年短暂生命的普通士兵，能够赢得亿万人民如此崇高和长久的敬意；一个普通的战士所表现的高贵品质，能够激励几代人的健康成长；一个群众性的活动，能够在几十年历史进程中延续不断，影响一个时代的社会风尚，这表明雷锋精神对于我们这个民族和社会过去、现在、将来仍然具有重大价值和时代意义。

正文：

雷锋，1939年12月30日出生于湖南望城县（今长沙市望城区）安庆乡的一个贫农家庭。这一年是农历庚辰年，父母给他取乳名叫"庚伢子"。雷锋五岁时，他的父亲雷明亮在江边运货的路上遭到国民党逃兵的一阵毒打。当雷锋父亲反抗日寇时，又遭受毒打，由于没钱治病，不久就去世了。雷锋家里很穷，他哥哥雷正德十三岁就去当童工，因为岁数小，饿成了皮包骨，最终染上肺结核，不久也去世了。雷锋的弟弟也饿死在家中。更不幸的是，雷锋唯一的亲人，他的母亲，受到地主的凌辱后，于1947年中秋之夜悬梁自尽。年仅七岁的雷锋从此沦为孤儿，在六叔公和六叔奶奶的拉扯下，艰难地活了下来。

1949年湖南解放时，雷锋当了儿童团团长，积极参加土改。同年夏，乡政府供他免费读书。他先后在乡、县当过通信员，在农场当过拖拉机手，在鞍山钢铁公司当过推土机手，并多次获嘉奖。

1959年底，雷锋参军入伍。在部队，雷锋勤学苦练基本功，各项科目成绩都是优良。

1960年8月，驻地抚顺暴发洪水，运输连接到了抗洪抢险的命令，雷锋忍着刚刚参加救火被烧伤的疼痛，又和战友们在上寺水库大坝连续奋战了七天七夜，把手指甲都弄破了，被记了一次二等功。

望花区召开大生产动员大会，声势很大，雷锋上街办事正好看到这个场面，他取出存折上在工厂和部队攒的两百元，跑到望花区党委办公室要捐出来，为建设祖国做贡献，接待他的同志实在无法拒绝他的这份情谊，只好收下一半，另一百元在辽阳遭受百年不遇洪水的时候捐给了辽阳人民，在我国受到严重自然灾害的情况下，他为国家建设、为灾区捐出自己全部的积蓄。

10月以后，雷锋先后担任抚顺市建设街小学（即如今的雷锋小学）和本溪路小学校外辅导员。雷锋平时工作、学习都很忙，他只能利用午休时间或风雨天不能出车的日子请假到学校去找教师、同学谈心，或进行其他辅导活动。他善于团结小朋友，启发他们好好学习，天天向上。建设路小学六年级的小马同学就是经过雷锋的耐心教导，逐渐克服了爱玩、爱闹的缺点，学习取得进步，并戴上了红领巾。年底，雷锋事迹以"苦孩子好战士"为题在报刊发表后引起强烈反响，各地邀请他作报告的单位越来越多。民间流传着这样一句话："雷锋出差一千里，好事做了一火车。"

雷锋走到哪儿，就做好事到哪儿

有一次，雷锋外出，在沈阳车站换车，出检票口的时候，他发现一群人围着一个背着小孩的中年妇女。原来这名妇女从辽宁去吉林看丈夫，一不小心把车票和钱都丢了，雷锋连忙用自己的津贴买了一张去吉林的火车票塞到这名妇女手里，这名妇女眼含热泪地问："小兄弟，你叫什么名字？住哪儿的？是哪个单位的？"雷锋回答道："我叫解放军，家就住在中国。"

一次，雷锋从安东（今丹东）回来，要在沈阳转车。他背起背包过地下通道时，看见一位白发苍苍的老大娘拄着棍，背了个大包袱，很吃力地走着。雷锋走上前问道："大娘，您到哪儿去？"老大娘上气不接下气地说："俺从关内来，到抚顺去看儿子！"雷锋一听她跟自己同路，立刻把大包袱接过来，用手扶着老大娘说："大娘，我也去抚顺，我送您。"老大娘感动极了。进了车厢，他给老大娘找了座位，自己就站在旁边，掏出刚买来的面包，塞了一个给老大娘，他和老大娘唠开了家常。老大娘告诉他，她的儿子是个工人，出来好几年了。她是第一次来，还不知道住在抚顺什么地方，说着掏出一封信，雷锋接过一看，上面的地址他也不知道。雷锋见老人急切的模样，说："大娘，您放心，我一定帮您找到您的儿子。"雷锋说到做到，到了抚顺，背起老大娘的包袱，搀扶着老大娘，边询问边找人，花了大半天时间，才找到老大娘的儿子。母子一见面，老大娘就对儿子说："多亏了这位解放军同志，要不然，我还找不到你呢！"母子一再感谢雷锋。雷锋却说："谢什么啊，这是我应该做的。"

1961年9月，全团上下一致推举雷锋为抚顺市人大代表。雷锋参加完人民代表大会回到连里就担任了二排四班班长，在他的带领下，四班成了"四好班"，雷锋也成了全连的四好班长。

雷锋在风雨中把母子三人安全送到家

一天傍晚，天下起大雨，雷锋见公路上一位妇女怀里抱着一个小孩，手里拉着一个小孩，身上还背着包袱，在哗哗的大雨中一步一滑地走着。雷锋忙上前，一打听，才知道这位大嫂从外地探亲归来，要去十几里外的樟子沟，她着急地说："同志啊，今天的雨都把我浇迷糊了，这还有孩子，我哭也哭不到家啊！"雷锋把雨衣披在大嫂身上，抱起那个大一点儿的孩子冒雨朝樟子沟走去，宁愿自己淋得透湿，也不让他们受罪。一直走了两个多小时，才把那母子三人安全送到家。

雷锋在短短两年多的时间里，做了无数件好事，他始终"把别人的困难，当成自己的困难；把同志的愉快，看成自己的愉快"。他身上具有一种助人为乐的精神。

1962年8月15日上午，雷锋和助手乔安山驾车从工地回到连队车场，不顾长途行车的疲劳立即去洗车。当时，战士们在路边栽了一排约两米高的晒衣服的木杆，顶上用铁丝拉着。雷锋让乔安山开车，自己下车引导，指挥乔安山倒车转弯。汽车的前轮过去了，但后轮胎外侧将木杆从根部挤压断。受顶部铁丝的作用，木杆反弹过来，正好击中雷锋的左太阳穴，当场就打出血来，雷锋昏倒在地。战友们立即用担架把他送到抚顺矿务局西部职工医院抢救，副连长又开车飞速赶到中国人民解放军第202医院请来医疗专家。但雷锋因颅骨损伤，脑颅出血，导致脑机能障碍，最终医治无效，不幸去世，年仅二十二岁。

1963年3月5日，毛泽东为雷锋题词及发表号召"向雷锋同志学习"，此后每年的3月5日都定为"学雷锋日"。全国有二十多所小学被命名为"雷锋小学"。2009年在国家十一个部门联合组织的"100位为新中国成立做出突出贡献的英雄模范人物和100位新中国成立以来感动中国人物"评选活动中，雷锋被评为"100位新中国成立以来感动中国人物"之一。

雷锋生前写了九本日记，约二十万字。数十年来，《雷锋日记》的各种版本层出不穷，《雷锋日记》和雷锋精神深深影响了一代代人，雷锋成了青少年的学习楷模。雷锋懂得感恩，他是一个父母双亡的孤儿，对党和新中国无限热爱、无限忠诚。他努力地去报答社会，时时处处无怨无悔地、自觉地做好事，为人民服务是他人生的宗旨，连做梦都在想。他的日记通篇都体现了这一点。

雷锋好读书，注重学以致用，自觉加强个人的思想品德修养，他一直处于自我教育成长的状态。我想如果雷锋现在还活着，他一定是一个"终身学习"的典范。

一个名字，历经几十年传颂而更加响亮；一本日记，历经数十载传承而力量日增。雷锋日记，记录了一名党员的追求、信念和操守，红遍中国。雷锋感人至深的革命情怀，成为影响中国人半个世纪的"宣言书"。

《雷锋日记》闪耀着无私的光彩

助人为乐——郭谦隶书作品

　　结语：服务人民、助人为乐是对雷锋精神的诠释之一。以服务人民为最大幸福，以帮助他人为最大快乐，这是雷锋精神的一个典型标识，也是我们今天仍然要弘扬的崇高品德。雷锋以短暂的一生谱写了无比壮丽的人生诗篇，树起了一座令人景仰的思想道德丰碑，是全国人民学习的光辉榜样。

　　雷锋是青少年心目中的明星和偶像。半个世纪过去了，雷锋的名字及雷锋精神穿越时空，依然在影响我们一代又一代人。雷锋精神体现了中华民族的传统美德，顺应了社会进步的时代潮流，他是一面永不褪色、永放光芒的旗帜。弘扬雷锋服务人民、助人为乐的奉献精神，对于倡导文明新风，匡正道德失范，提升社会道德水平，引导人们做中华民族传统美德的传承者、良好社会风尚的实践者具有十分重要的意义。

第二章

物之精灵，铸造精神

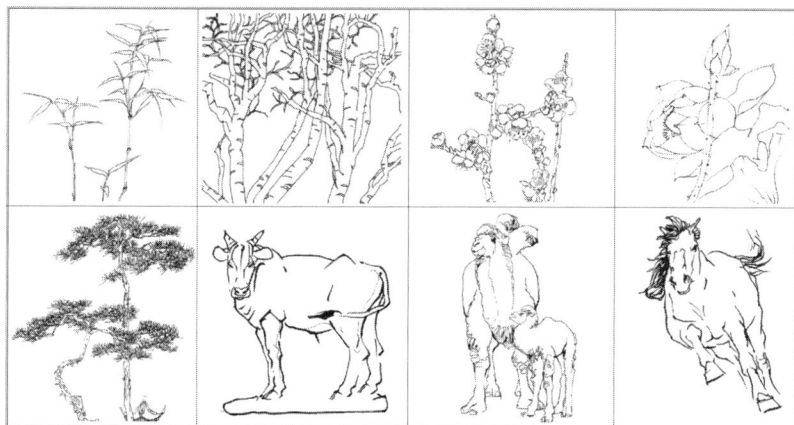

竹子精神——虚心自持

竹子白描图

导语： 竹子，清雅隽秀，坚韧挺拔，高风亮节。竹子是感物喻志的象征，也是喻物诗和文人画作中最常见的题材。它体现了虚心自持的精神，自强不息、顶天立地的精神，清华其外、淡泊其中、清雅脱俗、不作媚世之态。

❀ 简要介绍：

中国种竹历史悠久，目前中国是世界上最大的产竹国。福建、浙江、江西、湖南四省栽竹最多，占全国60%以上。竹子品种丰富、形态各异，矮者仅十几厘米，巨者则高达四十米。竹子分为花竹、苦绿竹、大木竹、月月竹、紫竹、巨龙竹、泰竹、唐竹等。竹子生长快、成材早、产量高、用途广，造林五年到十年，年年可以砍伐利用。由于它枝叶茂盛、根系发达，可调节气候，涵养水源，保持水土，固土防沙，挡风减灾，能发挥维持生态平衡、营造优美环境的巨大作用。

竹子令人喜爱，不仅是因为它碧绿生青，英姿勃发，不怕严寒，更由于它一身忠骨、无私贡献。幼竹（竹笋）是盛宴里的美味佳肴，成竹可以制作农具、屋宇、家具、日用品、工艺品、乐器。从竹竿中提取的竹纤维，可加工成服装、毛巾。竹筋经特殊处理，其硬度可与钢筋媲美。竹也可制成清肺、化痰、止咳、利尿的药物。碎竹、废竹是造纸的优质原料。

竹子长期以来是人类生产、生活的亲密伴侣，如古代的自卫武器箭，交通工具筏、竿，生活用具中的箸、筵、篱笠等。中华文明的演进，竹曾经做出了重大贡献，先秦的竹简说明竹是我们民族逐步走向文明、传承文化的重要工具。竹与人类的精神生活密切相关，最显著不过的是音乐，人类性情的释放、情意的表达，都可借助竹乐器，如箫、笙、笛、渔鼓等来表现。

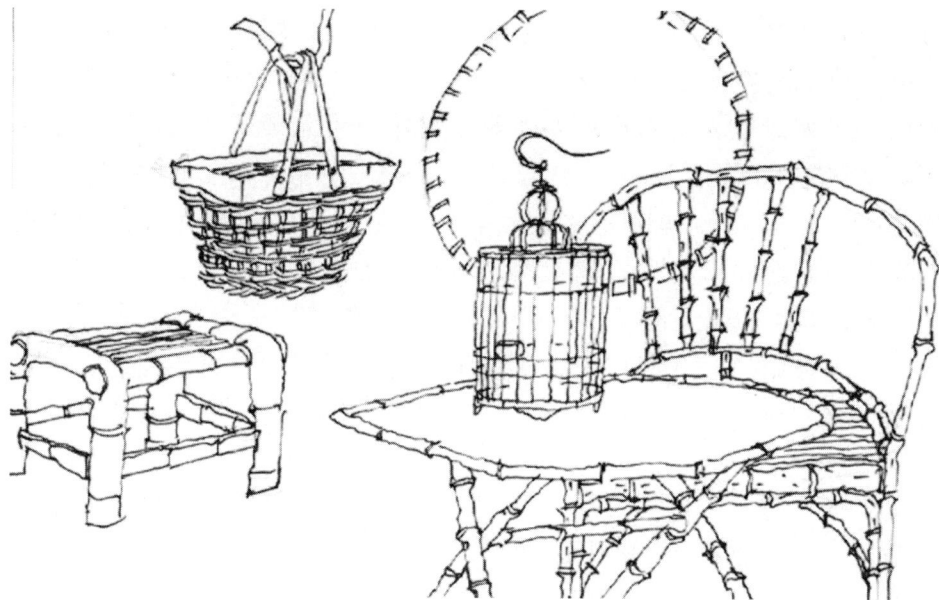
竹子用途广泛

　　竹有着非常顽强的适应力和生命力。在肥田沃土之中，它能茂盛地生长；在石山瘠地之上，它也能顽强地生存。无论是峰岭，还是沟壑，它都能以坚韧不拔的毅力茁壮成长。竹子在风中洒脱的风姿，仿佛窈窕的仙女，妩媚又不失劲节丰姿，枝干劲挺，叶片繁茂，不卑不亢，意态飞扬，充满着文人的清润情调。人们喜爱竹子，不仅爱它洒脱的风姿，还爱它那挺拔的气势，爱它那节外无枝的操守，更爱它那刚柔相济的品德。

　　竹有七德：一是身形挺直，弯而不折，可谓"正直"；二是节节向上，不断生长，可谓"奋进"；三是空心坚韧，虚怀若谷，可谓"谦虚"；四是有花不开，素面朝天，可谓"质朴"；五是超然独立，顶天立地，可谓"卓尔"；六是群起群生，互不倾轧，可谓"善群"；七是载文传世，奉献无怨，可谓"担当"。

　　自古以来，人们喜欢与竹同居，与竹为伴。历代的文人墨客更喜欢赏竹、吟竹、颂竹，总是在吟咏中倾注自己的思想，寄托自己的情怀，可谓是"一枝一叶总关情"。

❀ 美文欣赏：

竹　赋

作者：郭谦

　　梅令人洁，兰令人幽，菊令人淡，莲令人秀，松令人傲，柳令人柔，枫令人爽，竹令人清。

竹，非花非草非木。如天然去雕饰的素妆少女，婀娜娉婷；如浩然正气的须眉男子枝横云梦，叶拍苍天。

青山不可无绿水，古木不可无藤萝，野花不可无蜂蝶，大江南北、黄河两岸、春夏秋冬不可无竹。

阳春，桃红李白，柳影婆娑，怎能缺少勃勃生气的竹林呢？青翠的竹子，在春雨里窸窸窣窣低语，满目都是水亮亮的清影、清光、清声、清韵、清凉、清香，温柔的泥土也添加了一层迷人的景色。

逢夏，老竹新篁，绿荫可人，疏枝密叶，清风翠微，日光月影，浮动其间。可以远望，可以近观，可以团坐。听虫鸣、闻鸟语，获一片悠然自在之心境。

秋至，寒风萧萧，群芳落尽。竹，摇风弄雨，铿然有声，富有生命的弹力，不媚不俗，不卑不亢，凌然有君子之风。

冬来，大雪冰封，万物萧瑟。竹，挺拔如常，新笋在冻土下萌生。每根竹子的使命都在不息地生长，去捍卫大地的四季。

竹，临风不屈，过雨不污，迎电不惊，遇雪不断……不论在荒山野岭，还是在池潭田边，都能以坚韧不拔的毅力在逆境中顽强生存。尽管一年四季经受着风霜雪雨的抽打与折磨，但能长年累月守着无边的寂寞与凄凉，始终无怨无悔地默默奉献其色彩、其身躯。

人生如竹可鸣笛曲

竹，虚心、有节、挺拔、正直，四时如一，集山川岩骨精英秀气于一身，渗透着民族精神之情韵。难怪为世人所喜爱，为历代文人所痴迷。宋代文豪苏东坡曾说："可使食无肉，不可居无竹；无肉令人瘦，无竹令人俗。"

人生要像竹子那样保持如一的节操，在风雨中挺拔高洁，在逆境中百折不回，在危难里大义凛然。以淡泊明其志，以宁静修其远，留住清气荡乾坤。

人生如竹可鸣笛曲，人生如竹可入诗画。

（该文首发于2006年11月博啦–印客网联合出品的图书《美文如虹七彩飞》，2012年8月发表于中国文联《神州》杂志，2013年7月入选语文出版社诵读教材，2016年收录于中国文联出版社出版的图书《甘泉清音》，后被多家报刊、网站转载。）

梅花精神——一树独先天下春

梅花白描图

导语：梅花，迎雪吐艳，凌寒飘香，铁骨冰心。梅开五片花瓣，象征五福：一是快乐，二是幸福，三是长寿，四是顺利，五是和平。梅花常被民间视为传春报喜的吉祥象征。梅花象征坚韧不拔、不屈不挠、奋勇当先、自强不息的精神品质。梅花是中华民族与中国精神的象征，具有强大而普遍的感染力和推动力。

简要介绍：

梅是蔷薇科杏属植物。梅花与兰花、竹子、菊花被称为"花中四君子"，与松树、竹子并称"岁寒三友"。

春兰、夏荷、秋菊、冬梅是四季最有特点的花，梅花凭着耐寒的特性，为代表冬季的花。梅的原产地是中国，后来被引种到韩国与日本，具有重要的观赏价值及药用价值。梅花、梅果可入药，梅花冲水可代茶，梅果素有"健康食品"之称，可加工成各式干果。

梅花培植起于商代，距今有近四千年的历史。梅又名五福花，是花中寿星。我国不少地区有千年古梅，湖北省黄梅县有一株一千六百多岁的晋梅，至今还岁岁开花。

梅花现今两百多个品种。主要分为两类：一是花梅；二是果梅。按其生长姿态，可分为直脚梅、杏梅、照水梅、龙游梅；按花型花色，可分为宫粉型、红梅型、玉蝶型、朱砂型、绿萼型和洒金型等。

梅花主要以长江流域及西南地区栽培为盛，喜温暖且稍湿润的气候，宜在阳光充足、通风凉爽处生长，其性畏涝，耐旱。

对于严寒，梅花也并不畏惧，"一树独先天下春"，奋勇当先、自强不息，这一精神激励人奋发向上。因此，梅又常被民间视为传春报喜的吉祥象征。有关梅的传说故事、梅的美好寓意在我国流传深远，影响极广。

梅花——一树独放天下春

古往今来的诗词歌赋，以梅为题者最多，或咏其风韵独胜，或咏其神形俱清，或赞其标格秀雅，或颂其节操凝重。梅花不畏寒冷、独步早春的精神象征中华优秀儿女刚毅的精神和崇高的品格。梅花作为一种中华文化的象征，深得历代文人的喜爱，赏梅、赞梅的优美诗篇层出不穷。

如唐代诗人张谓的《早梅》：

一树寒梅白玉条，迥临村路傍溪桥。

不知近水花先发，疑是经冬雪未销。

初春时节，寒冬之末，诗人以"一树"凸显梅花的密集与缤纷的势态，以"白玉"喻梅花洁白娇美的姿韵，以"傍溪"把梅花远离尘世，静悄悄开放的高洁品格不言而喻地表达出来。后两句以一个"疑"字，把诗人对梅花给人的惊喜渲染得淋漓尽致，写出了梅花不畏严寒、凌寒独开。这种坚强和高洁品格喻示我们，处于艰难、恶劣的环境中依然要坚持操守、主张正义。

又如宋代诗人王安石的《梅花》：

墙角数枝梅，凌寒独自开。

遥知不是雪，为有暗香来。

王安石作为北宋时期著名的政治家、改革家、文学家，历来主张变法，先后两次失败，辞相又再任，再任又下野。这首诗就是作者被罢相之后，隐居钟山时所作，作者以梅自喻，梅花在恶劣的环境中依然能保持自身那高洁的操守与坚强的品格，而自己又何尝不是？为国为民，问心无愧。他从不怕被排挤与打击，做好自己，这不仅是作者一种

梅花图之一

"孤芳自赏"的品格，更是一种坚持自己、永不放弃的信念。这首诗历来为被世人所赞誉，也是一首广为传诵的经典绝唱。

在生活中，我们遇到各种困难不该退缩，而应该像梅花一样傲雪迎霜，迎难而上、克服困难，立志成就事业。在冬天开放的雪梅，也跟着其他的花儿争春，就像在告诫我们，人各有所长，也各有所短，要有自知之明。取人之长，补己之短，才是正理。

再如元代诗人王冕的《墨梅》：

> 我家洗砚池边树，朵朵花开淡墨痕。
> 不要人夸好颜色，只留清气满乾坤。

梅花诗写照

王冕为自己的画作题写了这首诗，开头两句直接描写墨梅，画中小池边的梅树，花朵盛开，朵朵梅花都是淡淡的墨水点染而成。"洗砚池"化用了王羲之"临池学书，池水尽黑"的典故。后两句盛赞墨梅的高风亮节，说梅花不想用鲜艳的色彩去吸引人、讨好人，求得人们的夸奖，只愿散发一股清香，让它留在天地之间。这两句正是诗人的自我写照，以此表达了作者像梅一样有着高尚纯洁的情趣和淡泊名利的胸襟，同时也表达了作者不向世俗献媚的坚贞品格和高尚操守。这首诗的经典句子"不要人夸好颜色，只留清气满乾坤"备受世人赞颂，可贵的是，作者把其"画格""诗格"与自身的"人格"完美融合，看似咏梅、赞梅，实为暗喻自己的立身之德、处世之道。

美文欣赏：

梅花吟

作者：郭谦

梅花，花开五瓣，新枝如针，老干成铁，其味幽淡清香。它不与群芳斗艳，不与百花争光。它不因无彩蝶缠绕而失落，不因无蜜蜂追随而沮丧。它没有桃花随波逐流的轻薄，没有柳絮随风飘舞的癫狂。铮铮铁骨独具风采，飒爽英姿凸显情韵。

红梅灿如云霞，似烈火燃烧，红旗招展；白梅静如雪雕，似冰肌玉骨，清雅脱俗；绿梅品如珍珠，蕊冷色贞，清逸潇洒。其色不可不谓绚丽，其态不可不谓娇媚。有的娇小玲珑，像初生的婴儿一般可爱；有的热情奔放，似风华正茂的少年一般可亲；有的端庄大方，如成熟持重的大家闺秀一般可敬。

它们枝条曲折有度，枝干挺拔有力。或昂首，或鸟瞰，或倾思，或戏耍，翩翩姿态奇异，让人美不胜收。梅花暗香浮动，香飘十里，沁人心脾，令人心旷神怡。

自古以来，众芳摇落它竞放，早春傲雪凌寒，吐艳照射蛮荒。它伫立于冰雪之上而不炫耀，盛开于严寒之中而不张扬，徜徉于明月之下而不傲物，淡定自然。其风骨、情怀和境界，让人望之，心灵震撼，终生难忘。因此，诗赞格高，画赏琳琅。古今雅士，代代名贤，神牵梅魂，情系梅缘。

每想到梅花，我联想翩翩，心潮汹涌，总想为其讴歌，为其击鼓，为其吟唱。

我爱梅花斑斓绚丽的色彩，更爱梅树傲骨峥嵘的气质和品格。梅花奋勇当先、自强不息的坚韧精神象征着我们伟大的民族，美丽的中华，激励着我们一代代人奋发向上，顽强成长。

梅花傲雪凌霜图

诗曰：

梅凝清气散芬芳，性抗严寒斗雪霜。

铁骨虬枝传魄瘦，琼姿玉质显魂刚。

乾坤养浩驱尘浊，仙佛赋形流国香。

识得人间真谛在，山崩海裂不低昂！

（该文首发于2015年中国文联出版社出版的图书《甘泉清音》，后被多家网站、报刊刊发。）

荷花精神——出淤泥而不染

荷花白描图

导语： 荷花，亭亭玉立，千姿百态。万绿丛中荷花塘几点微红，微风吹过，飘香送远，碧波荡漾，别有一番风韵，彰显着它的纯洁和美丽。荷花，从莲藕到莲蓬，都以虚心茎秆相连，可谓虚心正直。荷花突破水下的淤泥，钻出水面，展示风姿，可谓积极向上。荷叶宽大，吸收阳光和空气，尽显宽阔的胸怀。

荷花的藕、茎、叶、花、蓬一脉相通、相辅相成。藕为莲之本，深藏淤泥，节节相连，汲取营养；茎为莲之脉，上通下达；叶为莲之窗，吸收阳光和空气；花为莲之容，花枝招展，尽现莲韵；蓬为莲之果，初时甘甜，老而入药；莲子有超强的繁殖能力，千年还可发芽。荷花全身是宝，它无私奉献于人类。荷花最可贵之处是能保持表面洁净，以雨后水珠清洗自身，做到一尘不染。荷花这种洁身自好的精神值得我们去品味和效仿，让我们时时注意清除自己身上的污垢，永葆高尚的品德。

❀ 简要介绍：

荷花，又名莲花、水芙蓉等，是莲属多年生水生草本花卉。地下茎长而肥厚，有长节，叶盾圆形。花期为6月至9月，单生于花梗顶端，花瓣多数，嵌生在花托穴内，有红、粉红、白、紫等色，或有彩纹、镶边。坚果是椭圆形，种子是卵形。

荷花分观赏和食用两大类，原产亚洲热带和温带地区。中国早在周朝就有栽培记载。中国最早的诗歌集《诗经》中有关于荷花的描述："山有扶苏，隰有荷华。"荷花作为观赏植物引种至园池栽植，最早是在公元前473年，吴王夫差在他的离宫（在今苏州灵岩山）为宠妃西施赏荷而修筑的"玩花池"。春秋时期青铜工艺珍品"莲鹤方壶"则从美术方面反映了荷花与被神化的龙、螭及仙鹤一样，成为人们心中崇高圣洁的象征。

西汉时期，乐府歌辞盛行，由此产生了众多优美的采莲曲谣，如《采莲曲》等。歌舞者衣红罗，系晕裙，乘莲船，执莲花，载歌载舞，洋溢着浓烈的生活气息。

采莲写照

隋唐以后，有关荷花的诗词、绘画、雕塑、工艺等荷文化内容更加丰富；在饮食文化中，荷花已进一步成为人们养生保健的名贵补品。同时荷花凭借它的色彩艳丽、风姿绰约进入了私家园林，如长安城外东南隅有秦汉时宜春苑，隋代建都长安后，更名为芙蓉园；南宋都城临安（今杭州）的曲院风荷。尤其是经过贞观之治，荷花的应用越来越广泛，成为工艺美术家创造的灵感来源，如隋唐时期的瓷器、铜镜的装饰多采用莲花纹；金银器上，尤其是盘边缘，多饰以富丽的莲瓣纹，整个风格华丽而真实。宋代的染纺业较唐代有更高的发展。著名女画家朱克柔创作的荷花缂丝图案，古淡清雅，为一时之绝作。明清的木版年画多采用"连（莲）贵子""连（莲）年有余（鱼）"等荷花吉祥图案来表达人们的思想和美好愿望。在中国花文化中，荷花是最有情趣的咏花诗词对象和花鸟画的题材，是最优美多姿的舞蹈素材，也是各种建筑装饰、雕塑工艺及生活器皿上最常用、最美的图案纹饰和造型。荷花不愧为中国的传统名花。

自北宋周敦颐写了"中通外直，不蔓不枝，出淤泥而不染，濯清涟而不妖"的名句后，荷花便成为"君子之花"，成为古往今来的诗人墨客歌咏绘画的题材之一。

1985年5月，荷花被评为中国十大名花之一。荷花遍布在中亚、西亚、北美等地区及印度、中国、日本等，也是印度、泰国和越南的国花。

❀ **美文欣赏:**

荷花礼赞

作者:郭谦

荷花,《诗经》称荷华,《尔雅》称荷、芙蕖,《群芳谱》称水芙蓉,《本草纲目》称莲,渔民称水上仙子,历代文人称"花中君子"。荷花圣洁而脱俗,娇媚而不浮躁,清秀而不妖艳。荷花是我喜爱的花卉之一,我撰写了梅兰竹菊四文,当然不能不写一下荷。

夏季早晨,清风徐徐,我漫步于小村荷塘。片片花瓣,顶顶荷叶,点点荷露,香幽幽,绿碧碧,清灵灵。一朵朵花瓣盛开出一篇篇诗,一幅幅画;一顶顶碧叶载着一首首歌,一支支曲;一滴滴清露流动出一个个故事,一段段相思,一种又一种情怀;一池新绿摇曳出一支支舞,一团团生命,一种又一种意境。

荷塘美景幻化出一张又一张笑脸,一个又一个亭亭玉立的少女,楚楚动人。

荷塘月色

红绿相映诱人醉,清亮晶莹惹人爱,馨香馥郁令人遐思。我想起了朱自清的《荷塘月色》:"……层层的叶子中间,零星地点缀着些白花,有袅娜地开着的,有羞涩地打着朵儿的;正如一粒粒的明珠,又如碧天里的星星,又如刚出浴的美人……"

古往今来,许多文人雅士以诗词咏荷抒情或言志。有的描写荷花的姿态,如"华盖绿衫映碧塘,擎天一炬耀蟾光。凌波玉骨尘何染?楚楚亭亭水一方""灼灼荷花瑞，亭亭出水中。一茎孤引绿，双影共分红"。有的称赞荷花的品质，如"绰约风华赛牡丹，淤泥不染影清安。冰心玉骨高洁在，姿韵德馨绕笔端""素面朝天掩月娇，清香蕊露袂裾飘。凝诗匀墨魂依旧，不露铅华品自高"。有的颂扬荷花的情操，如"艳艳芙蓉袅袅姿，清莼玉立自污泥。风波荡漾杆直正，傲骨一身绽碧池"。

我爱荷花的美丽，它们如不施粉黛的少女，白净纯洁，娇媚自然；窈窕的身姿风刮不倒，雨摧不弯，傲然挺立，气宇轩昂。它们似英气豪迈的巾帼英雄，身披绿裳，挺着脊梁，清爽而超凡。

我爱荷花的平静、平淡、平和。它们处处为家，处处美丽，从荒野到庭院，从盆罐到池塘、湖畔，只要你给它水，给它土壤，给它阳光，它都会用清丽的花、素雅的叶、嫩香的莲蓬、甜美的根藕、幽雅的香气以回报。

荷花，清香而不娇气，绚丽而不失温暖，无刺而可触碰，即使被摘下放入花瓶，还会温馨地灿烂很多时日，令人感受生命的顽强。

荷花，花开无声，却可于清丽碧婉中聆听天籁。眼前的荷花似乎不是花，而是一个个出身贫寒却洁身自爱、有傲骨的文人，高尚、纯洁；是一个个为了探索真理面对困难、磨难、危险而不屈服的战士，伟大、圣洁。面对社会纷繁复杂的各种诱惑、困惑、无奈及困苦，保持荷花的品性"出淤泥而不染，濯清涟而不妖"难能可贵，我们需要坚定理想信念、挺起脊梁，修身自重，堂堂正正地做人，以荷宽大为怀的精神谱写着自己人生的浩然正气之歌，即使风华不在，仍可"道骨仙风凭水望，冰心一片漾千家"。

荷为人而生，文因荷而贵，人荷相映，生命的情愫会洋溢出华彩，散发出清香。

（该文首发于2015年中国文联出版社出版的图书《甘泉清音》，后被多家网站、报刊刊发。）

松树精神——坚韧挺拔

松树白描图

导语： 自古以来，有很多人歌颂松树，赞美松树，这是因为它具有崇高的精神——坚韧挺拔。松树富有顽强的生命力。不管在悬崖的缝隙，还是在贫瘠的土地上，只要有一粒种子，它就能茁壮地成长。狂风吹不倒，洪水淹不了，严寒冻不死，干旱旱不坏，困难吓不倒。它坚强不屈，四季常青，永不言败。

简要介绍：

松树，常绿乔木，有少数为灌木，树皮多为鳞片状，叶针形，果球形，种子叫松子，可以食用。木材和树脂用途很广。

松树的树干通直，高30米至36米。树皮灰褐色，纵裂呈鳞状块片剥落。冬芽圆柱状，红褐色，粗壮，无树脂。针叶二针或三针一束，长18厘米至30厘米，深绿色，腹背两面均有气孔线，边缘有细锯齿。3月至4月开花。翌年10月至11月果熟，球果长圆锥形，2个至3个聚生。种子卵圆，具三棱。

松树喜光，忌荫蔽。耐寒，又能抗高温。耐旱亦耐水湿，可忍耐短期淹水。松树根系发达，抗风力强。喜深厚肥沃的中性至强酸性土壤，在碱土中种植有黄化现象。

鸟鸣松树

湿地松苍劲而速生，适应性强，材质好，松脂产量高。中国已引种驯化成功数十年，故在长江以南的园林和自然风景区中作为重要树种应用。可作庭院树，或丛植、群植，宜植于河岸、池边。

🪷 美文欣赏一：

松树的风格

作者：陶铸

去年冬天，我从英德到连县去，沿途看到松树郁郁苍苍，生机勃勃，傲然屹立。虽是坐在车子上，一棵棵松树一晃而过，但它们那种不畏风霜的姿态，却使人油然而生敬意，久久不忘。当时很想把这种感觉写下来，但又不能写成。前两天在虎门和中山大学中文系的师生们座谈时，又谈到这一点，希望青年同志们能和松树一样，成为具有松树的风格，也就是具有共产主义风格的人。把当时的感觉写出来，与大家共勉。

我对松树怀有敬佩之心不自今日始。自古以来，多少人就歌颂过它，赞美过它，把它视为崇高的品质的象征。

你看它不管是在悬崖的缝隙也好，还是在贫瘠的土地上也好，只要有一粒种子——这粒种子也不管是你有意种植的，还是随意丢落的，也不管是风吹来的，还是从飞鸟的嘴里跌落的，总之，只要有一粒种子，它就不择地势，不畏严寒酷热，随处茁壮地生长起来了。它既不需要谁来施肥，也不需要谁来灌溉。狂风吹不倒它，洪水淹不没它，严寒冻不死它，干旱旱不坏它。它只是一味地无忧无虑地生长。松树的生命力可谓强矣！松树要求于人的可谓少矣！这是我每看到松树油然而生敬意的原因之一。

我对松树怀有敬意的更重要的原因是它那种自我牺牲的精神。你看，松树是用途极广的木材，并且是很好的造纸原料。松树的叶子可以提制挥发油；松树的脂液可制松香、松节油，是很重要的工业原料；松树的根和枝又是很好的燃料。

更不用说在夏天，它用自己的枝叶挡住炎炎烈日，叫人们在如盖的绿荫下休憩；在黑夜，它可以劈成碎片做成火把，照亮人们前进的路。总之一句话，为了人类，它的确是做到"粉身碎骨"的地步了。

要求于人的甚少，给予人的甚多，这就是松树的风格。

鲁迅先生说的"我吃的是草，挤出来的是牛奶、血"，也正是松树风格的写照。

自然，松树的风格中还包含着乐观主义的精神。你看它无论在严寒霜雪中和盛夏烈日中，总是精神奕奕，从来不知道什么叫作忧郁和畏惧。

我常想：杨柳婀娜多姿，可谓妩媚极了，桃李绚烂多彩，可谓鲜艳极了，但它们只给人一种外表好看的印象，不能给人以力量。松树却不同，它可能不如杨柳与桃李那么好看，但它却给人以启发，给人以深思和勇气，尤其是想到它那种崇高的风格的时候，不由人不油然而生敬意。

我每次看到松树，想到它那种崇高的风格的时候，就联想到共产主义风格。

我想，所谓共产主义风格，应该就是要求人的甚少，给予人的甚多的风格；所谓共产主义风格，应该就是为了人民的利益和事业不畏任何牺牲的风格。

每一个具有共产主义风格的人，都应该像松树一样，不管在怎样恶劣的环境下，都能茁壮地生长，顽强地工作，永不被困难吓倒，永不屈服于恶劣环境。每一个具有共产主义风格的人，都应该具有松树那样崇高的风质，人们需要我们做什么，我们就去做什么，只要是为了人民的利益，粉身碎骨，赴汤蹈火，也在所不惜，而且毫无怨言，永远浑身洋溢着革命的乐观主义的精神。

具有这种共产主义风格的人是很多的。在革命艰苦的年代里，在白色恐怖的日子里，多少人不管环境的恶劣和情况的险恶，为了人民的幸福，他们忍受了多少的艰难困苦，做了多少有意义的工作啊！他们贡献出所有的精力，甚至最宝贵的生命。就是在他们临牺牲的一刹那间，他们想的不是自己，而是人民和祖国甚至全世界的将来。然而，他们要求于人的是什么呢？什么也没有。这不由得使我们想起松树的崇高的风格！

在社会主义革命和社会主义建设的日子里，多少人不顾个人的得失，不顾个人的辛劳，夜以继日，废寝忘食，为加速我们的革命和建设而不知疲倦地苦干着。在他们的意念中，一切都是为了把社会主义革命进行到底，为了迅速改变我国"一穷二白"的面貌，为了使人民的生活过得更好。这又不由得使我们想起松树的崇高的风格。

具有这种风格的人是越来越多了。这样的人越多，我们的革命和建设也就会越快。我希望每个人都能像松树一样具有坚强的意志和崇高的风质；我希望每个人都成为具有共产主义风格的人。

（此文1959年2月28日发表于《人民日报》）

🌸 美文欣赏二：

松树赞

作者：郭谦

松树，没有桃花的芬芳，没有梧桐的雍容，没有银杏的高贵，没有白桦的苗条；树皮灰灰暗暗，鳞鳞斑斑；松叶如针如刺，束束团团；松花朴实无华，不丽不艳；松子不香不甜，毫不起眼。松树的不凡不在于叶花香，而在于全身是宝：松叶入药，祛风止痒；松花酿酒，润肺益肝；松子可口，益寿延年；松根制墨，松木造纸，松香润琴……一切都能造福社会。

松树的不凡更在于它有坚强的生命力。不管是生长在山顶、山坡、谷底，还是生长在陡峭险峻的悬崖、险峰、缝隙，不管是生长在肥沃的土壤中，还是生长在浅薄贫瘠的土地里，只要有一粒种子，它都会不择地势，不畏风霜严寒，牢牢扎根，茁壮成长。它不需要施肥、除虫，也不需要松土、浇水。狂风吹不倒，洪水淹不死，严寒冻不死，干旱旱不坏。无论任何时候，它都会让人看到一种生机勃勃的景象，显示出魁梧的体格、英雄的气魄、刚毅的性格和坚强的意志。

月光下的松树赞歌

千里雪飘，万里冰封，百花凋零，草木枯萎，唯有松树神采奕奕、生机一片。它展示独特的生命风采，挺拔高耸于群山峰顶之上。

我爱松树，爱它的英姿挺拔、粗犷豪放；爱它的积极进取、努力向上；爱它的与人为伍、随遇而安；爱它的意志坚强、个性刚毅；更爱它任风侵雨蚀、木秀于林……

我赞美松树，赞美它不惧炎炎烈日，不畏风雪严寒；赞美它昂首挺胸、坚强不屈的壮士风格；赞美它坚韧挺拔、顽强生长的精神；赞美它造福人类的无私奉献的精神。

人生如松，不一定茂盛，但一定青翠；不一定有名，但一定能挺住风雨，越过坎坷；不一定获得舞台上的辉煌，但一定能品味到平淡的快乐。

（该文首发于2015年中国文联出版社出版的图书《甘泉清音》，后被多家网站、报刊刊发。）

黄牛精神——勤恳苦干

黄牛简笔画

导语：人们把牛称为"拓荒牛"，牛是力量的象征，凡牛的雕塑，很少有卧牛，而是双角朝前、全身前冲的威武形象，显示出勇往直前的开拓进取精神。它总是一步一个脚印，踏踏实实地前行，展现出勤恳苦干、默默奉献的精神。只要上了套，牛就拉紧绷强，一个劲地前进，这正是新时期"拉车不松套"的拼搏精神。

🏵 简要介绍：

黄牛是中国固有的普通牛种。其在中国的饲养头数在大家畜中或牛类中均居首位，饲养地区几乎遍布全国。在农区主要作役用，半农半牧区役乳兼用，牧区则乳肉兼用。黄牛皮毛以黄色为最多，品种可能因此而得名，但也有红棕色和黑色等。头部略粗重，角形不一，角根圆形。体质粗壮，结构紧凑，肌肉发达，四肢强健，蹄质坚实。其体形和性能上因自然环境和饲养条件不同而有差异，可分为北方黄牛、中原黄牛和南方黄牛三大类。

老黄牛在中国人的心里是勤勤恳恳、埋头苦干实干的家的化身，是忠于职守、任劳任怨的劳动者的典型，是耿直倔强、顽强拼搏的开拓者的旗帜。老黄牛精神，一直是中华民族精神的内涵之一，它彰显正义和善良，提倡无私奉献，崇尚开拓和创新，弘扬忠诚和实干。

老黄牛，有着朴实无华的外表，它谦逊低调，一心耕作，心无旁骛。它从来不张扬，不表白，不自夸，更不浮躁，也不满足。它总是在默默地耕耘着、奋斗着。它的身上没有明星的标签，也没有新闻

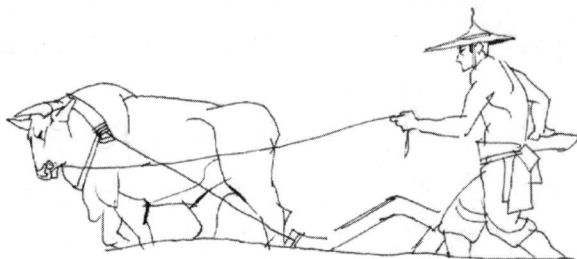
任劳任怨的老黄牛

的炒作，更没有给自己树碑立传，它有的是人类普遍的认可和赞美！

我们知道孺子牛有着默默无闻、甘于奉献的情怀，拓荒牛有着不畏艰险、砥砺奋进的气魄，老黄牛有着勇挑重担、吃苦在先的精神。这些情怀、气魄、精神及担当，正是我们这一代人应具有的品质。

当代发展史中，一个个杰出精神典范让我们忘不了。我们忘不了邓稼先带着微笑、带着骄傲从核试验基地返回北京，核辐射已经损坏了他的躯体，他为中国第一颗原子弹的爆炸成功付出了生命的代价！我们忘不了，大庆油田铁人王进喜，为摘掉"贫油国"的帽子，冒着严寒跳进水泥池中当起了人工搅拌机！我们忘不了，中国女排顽强拼搏在国际上夺得第一个五连冠，"女排精神"激励、鼓舞着全国人民走进改革开放、斗志昂扬的新时代！我们忘不了，三年疫情，白衣战士毅然不畏死亡，冲锋在前……

各行各业的奋斗者、开拓者如牛一样地默默劳作、奉献，在平凡岗位做出了许多不平凡的成绩……是他们用劳动托起了中国梦，是他们创造了中国的辉煌，我们这一代人该像重担在肩的牛，继续走在良田、高原和天地之间，去创造美好的明天。

❀ 美文欣赏：

黄牛精神颂

作者：郭谦

在我国古老的历史上，牛与人相依甚久，牛耕技术让农业文化悠久灿烂。

老黄牛一身金黄的毛，眼睛似黑宝石般的明亮，两只又粗又弯的牛角，四条粗壮的腿，强健而富有力量。它外表朴实无华，浑身是宝。其毛丰美而温暖，其皮含蓄而坚韧，犹如战士身上披的软甲，有着威武忠厚的形象。它的标识是正义、忠诚和勇敢。它犁田拉车，心无旁骛，踏实苦干。尽管吃的是草，挤出来的却是奶。做事勇于开拓，不避艰险；倔强的脾气让它从不与懒惰为伍，总是昂首挺胸地走在前进的道路上。

牛有牛的气质、牛的情趣、牛的境界。宋代诗人李纲作《病牛》诗："耕犁千亩实千箱，力尽筋疲谁复伤？但得众生皆得饱，不辞羸病卧残阳。"他赞美牛不辞羸病、力尽筋疲、志在众生、别无他求的奉献精神。现代著名诗人臧克家在古稀之年写了一首诗——《老黄牛》："块块荒田水和泥，深翻细作走东

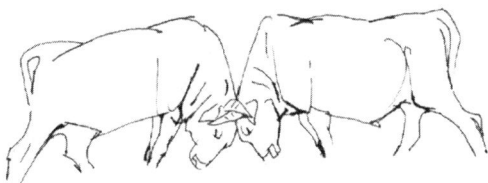

斗牛图

西。老牛亦解韶光贵，不待扬鞭自奋蹄。" 他的诗在赞赏老黄牛不辞辛苦、老当益壮、自强不息的形象同时，表达了自己在有生之年愿为祖国和人民奉献一切的豪情壮志。

国人不仅爱牛，也喜欢与牛搭配的词语。"牛角挂书"比喻读书勤奋，"牛运亨通"意指牛年好运通达顺利，"牛气冲天"形容事业蒸蒸日上……一个"牛"字，不仅代表了人们的一种激励，一种期待，一种憧憬，也表达了人们对美好生活的向往。

站在世界百年未有之大变局历史的方位上，我们回望，今日中国欣欣向荣，蒸蒸日上，国泰民安。牛转乾坤，2023年是不平凡的一年，我们国家已经从三年疫情中走出，迎来了一个科技大发展、经济大繁荣的新时代。作为中华民族的一分子，我们每一个人都应为祖国的腾飞、发展做出自己应有的贡献。

老黄牛是忠于职守、兢兢业业实干的化身，是忍辱负重、任劳任怨、勤勤恳恳、无怨无悔奉献的典范。平凡的岗位，需要一大批具有黄牛精神的人，不计个人得失，驾辕拉套，吃草挤奶，默默奉献，祖国的各项事业才会发达兴旺。

势不可挡的牛

面对前进道路上的"拦路虎""硬骨头"，只要有"初生牛犊不怕虎""狭路相逢勇者胜"的牛劲儿，干一件是一件，干一件成一件，我们就能攻坚克难，就能稳步向前。足不踏空，跬步千里，就可以攀登一座又一座高峰。

中国牛，是敢拼实干的象征，是敢闯争先的代表。新时代赋予我们的使命有三条：一要有拓荒牛的担当，为了人民的需求、社会的美好，创新苦干，开创新局面；二要有孺子牛的情怀，心系人民，面向世界，面向未来，面向希望；三要有老黄牛的精神，为了祖国大业实干。成果、成功从来不是等来的，也不是喊出来的，而是不断努力拼出来的，干出来的。

一切始于梦想，基于创新，成于真干、苦干、实干。如果我们这一代人能挺立潮头，一步一个脚印地朝实现中国梦奋进，我们的中华民族就会在历史洪流中屹立不倒，我们的国家才会永久繁荣昌盛，才会不断璀璨辉煌。

——2023年2月26日，郭谦写于南通甘泉斋

奋进的牛之雕塑

千里马精神——奋进向前

千里马简笔画

导语：在人类文明史上，马是与人类关系密切的动物之一，是人类的伙伴、助手，是牵引人类前进的车轮，从远古走过农耕，步入现代。成吉思汗曾经说过："你的心胸有多宽广，你的战马就能驰骋多远。"只有我们想不到的地方，没有骏马跑不到的地方，这就是博大的马文化核心价值所在。我们每个人心里都有一匹千里马，每个人都向往成为一匹千里马，潇洒、自由、超越、奋进，期待成功的奇迹。千里马精神，就是不断奋进向前，一马当先，引领行业发展，开创新局面。

简要介绍：

古时，交通不发达，舟车劳顿之苦，是现代人难以想象和体会的。那时，马作为一个代步工具，其地位不可缺失。自从秦始皇统一中国以来，便建立了通达华夏广阔疆域的各地驿站，用以传递信息，发布训令，马的作用由此显现。八百里加急邸报，可以在几日之内将京城紧急的消息传递到千里之外的边疆。可以说，没有马，就没有中华民族几千年大一统的帝国。

在古代战场上，马与人共同面对敌人和险境。只要骑士疾驰中轻轻点蹬或夹击，马就会立即快速、准确地回应，迅速冲到前面，站在有利的位置，让主人挥刀斩敌，取得战斗的胜利。人马合一的境界是古代英雄梦寐以求的理想。英雄与宝马生死相依，威名同存，如项羽的乌骓马、关云长的赤兔马、秦琼的黄骠马，无一不和主人一样声名赫赫。成吉思汗的大军横扫欧亚大陆，所向披靡，当时的蒙古马速度快，坚韧不拔，因此在蒙古的轻骑兵战胜欧洲

古代名将跨骏马驰骋沙场

重装骑兵中发挥了重大的作用。

在传统的十二生肖中，马排名第七位。在十二地支中，马属午，正是树木旺盛，万物欣欣向荣、充满生机的时刻，每当此时，马便四处奔跑嘶鸣，故又称"午马"。马在中华文化中占据重要地位，《周易》中说纯阳的"乾为马"，马便成了刚健、明亮、热烈、高昂、升腾、饱满、昌盛、发达的代名词。"天马行空""龙神马壮""马如游龙"等成语赋予出一种形象：雄壮无比，力大无穷，追月逐日，披星跨斗，乘风御雨，不舍昼夜。《周易·乾卦》中的名言"天行健，君子以自强不息"把马从一种具体形态提升为一种抽象精神。

"千里马"本意指日行千里的骏马。我国古代第一部浪漫主义诗歌总集《楚辞》中有"宁昂昂若千里之驹乎"的原句。现在，千里马一词常用来比喻人才，特指有才华的人。

古代，为了争夺千里马，曾发生很多次血腥战争。汉武帝听闻大宛国盛产汗血宝马，于是派了一个百余人的使团，带着一具用黄金打造的千里马前去大宛国，希望以此重礼换回汗血宝马。经过四千多公里的行程，使团到达大宛国首府贰师城（今土库曼斯坦阿斯哈巴特城)，汉使向大宛国国王表达了换马的意愿，可大宛国国王不同意。归国途中，金千里马在大宛国境内被劫，汉使被杀。

这消息传回国内，汉武帝大怒，说："犯强汉之天威者，虽远必诛！"于是做出了一个武力取马的决定。公元前104年，汉武帝派大将李广利率领数万骑兵，到达大宛国边境郁城，久攻未下，只好退回敦煌。这时，所剩人马不到原来的十分之一二。

三年后，汉武帝再次派李广利率十万大军远征大宛国，随行的还有两名相马专家。此时，大宛国发生政变，于是国王与汉军议和，允许汉军自行选马，并约定以后每年向汉朝进贡两匹千里马。

谈马之余，人们自然会想起一位与马有着不解之缘的历史人物——相马师伯乐。在我国古代的传说中，伯乐是天庭之上负责管理马匹的官吏，因而在民间，人们常常就将那些善于分别马匹优

汗血宝马图

劣的人称作伯乐。史料记载着的第一个被叫作伯乐的人，生于春秋时期，名字叫作孙阳。由于他对马的研究非常出色，人们便忘记了他本来的名字，干脆称他为伯乐，一直延续到现在。

古文中最先颂扬伯乐的人是唐宋八大家之一的韩愈，他的《马说》文中说："世有伯乐，然后有千里马。千里马常有，而伯乐不常有。"

伯乐相马图

千里马，需要伯乐的相识。据说有一次伯乐严冬外出，途中偶遇一匹千里马，看到这匹本应驰骋疆场的良驹吃力地拉着盐车，艰难前行。它走到一个斜坡下，马蹄僵硬，膝盖弯曲，大汗淋漓，踌躇不前。伯乐看到这种情景，痛心不已，不由分说，上前抱着马的脑袋悲愤恸哭，并且把自己的棉衣脱下，披在马的身上。立时出现了奇迹，只见那马喷出一口热气，仰头一阵长嘶，声震云霄。刹那间，马呼啸着飞过陡坡……

当今中国，科技迅速发展，各种新知识、新技术层出不穷，各行各业经济繁荣昌盛，高速公路、高铁、飞机等立体交通网络四通八达，日行千里已成为常态。每年我国有上千万的大学生毕业，留学生归国人数破百万……这是一个百花齐放、万马奔腾的时代，如果你是一匹千里马，不甘寂寞，有劲儿就要用力使，有力就要用力发。只要你能坚韧不拔地向前努力，不断创新，一马当先，快马加鞭，超越自我，超越他人，甚至超越时代，就能马到成功。

是骡子是马，拉出来遛遛，有真本事的人终会得到他人的抬爱，周围人的眼睛是雪亮的，不怕不识货，就怕货比货。在你不断奋斗的过程中，会有不少伯乐发现你。现在有各种渠道、场合可以展现你的才能，哪怕你的独创、你的成功和成果最初无人知晓，但最终还是会被人赏识、喜欢的。金子总是要发光的，莫说青山多障碍，万水千山总是情。天道酬勤，一分耕耘，一分收获。成功总是把机会留给有准备的人，只要你付出了一定的努力，取得了一定的成功，就会有更多朋友、媒体助你进一步发展，从而走向人生的巅峰。

美文欣赏:

千里马精神颂

作者：郭谦

马之千里者，持矫健之姿，得风气之先，发疾驰之功，呈英勇之豪，展俊杰之才。

千里马精神，是一种成功——"春风得意马蹄疾，一日看尽长安花"；千里马精神，是一种风景——"乱花渐欲迷人眼，浅草才能没马蹄"；千里马精神，是一种自信——"斯须九重真龙出，一洗万古凡马空"；千里马精神，是一种坚守——"一年三百六十日，多是横戈马上行"；千里马精神，是一种威严——"四山旗似晴霞卷，万马蹄如骤雨来"；千里马精神，是一种气势——"匹马西从天外归，扬鞭只共鸟争飞"；千里马精神，是一种骄傲——"奔腾千里荡尘埃，渡水登山紫雾开"。

做马该当千里马，做人该当人中杰。追求安逸成不了千里马，追求虚名成不了千里马，耐不住寂寞和清贫成不了千里马，囿于一室、眼光短浅成不了千里马。

千里马精神，是锐意进取的拼搏精神，是舍我其谁的精神，是驰骋纵横的强者精神。

海阔凭鱼跃，天高任鸟飞。英雄不问出处，建功不论层级。在当今改革创新、飞速发展的时代，只要你是千里马，你就要不忘初心，砥砺前行，你就要尽情发挥才能，全力竞风流。

万马奔腾图

千里马，在速度中追求领先的快感，在疾驰中享受奔腾的力量，激情在你血管流动的每一个细胞里飞扬，天地在你踏足的每一寸土地上延伸！当代千里马精神，就是马不停蹄地超越：超越自我，超越他人，甚至超越时代。千里马的人生应该是在追求中充实，在等待中升华，在经历中完善完美，在奔腾中追光逐梦，跨越一道道峻岭，攀登一座座高峰。

——2023年2月28日，郭谦写于南通甘泉斋

骆驼精神——踏实务实

骆驼简笔画

导语： 骆驼在历史上是草原丝绸之路和茶丝商道的最主要交通运输工具。在沙漠、戈壁、盐碱地、山地及积雪很深的草地上运送物资时，其他交通工具往往难以发挥作用，骆驼则是这些地区最为重要的驮畜，发挥着其他家畜及交通工具难以替代的作用。在过去，骆驼是沙漠里的英雄，现在骆驼已然成了内蒙古巴彦淖尔市、阿拉善盟等地的文化名片，过去流传的与骆驼相关的活动也被后人传承了下来，并得到了发扬。骆驼精神及其文化内涵使得人们充满遐想，专家学者们更是通过长期的发掘和研讨才得以论证。

简要介绍：

骆驼一千万年前生活在北美洲，骆驼远祖越过白令海峡到达亚洲和非洲，并演化出双峰驼和人类驯养的单峰驼。生活在沙漠边缘的人类早在公元前3000年就已经开始驯养骆驼作为役畜，以供驮运和骑乘，在许多国家有依赖骆驼为生的骆驼牧民，甚至有骆驼骑兵。单峰骆驼毛短，主要生活在北非洲、西亚、印度和澳大利亚等热带地区；双峰骆驼毛长，耐寒，春季脱毛，主要生活在中亚、中国西北部和蒙古等地。

骆驼，头较小，颈粗长，弯曲如鹅颈。躯体高大，体毛褐色。极能忍饥耐渴。骆驼在没有水的条件下能生存3周，没有食物可生存一个月之久。

我国是世界上双峰骆驼的主要产地之一。全国约有骆驼28万峰，主要分布在内蒙古、新疆、青海、甘肃、宁夏等地的干旱荒漠草原上。从数量看，内蒙古自治区最多，约占全国骆驼总数的67%，新疆维吾尔自治区次之，约占20%。

双峰驼在极度缺水时，能将驼峰内的脂肪分解，产生水和热量。一次饮水可达57升，以便恢复体内的正常含水量。它们以梭梭、胡杨、沙拐枣等各种荒漠植物为食，吃沙漠和半干旱地区生长的几乎任何植物（包括盐碱植物）。

双峰驼比较驯顺、易骑乘，适于载重：4天时间可运载170千克至270千克的东西，每天约走47千米，它们的最高速度是约每小时16千米。雄驼多单独活动，繁殖期争雌殴斗激烈，多一雄多雌成群活动，可形成30只至40只的大群，是世界级珍兽。繁殖期在4至5月，孕期12个月至14个月，雌骆驼一胎产一仔，很少两仔，4岁至5岁性成熟，寿命35年至40年。

双峰骆驼图

双峰驼有两层皮毛：一层是温暖的内层绒毛，一层是粗糙的长毛外皮。两层皮毛会混合成团状脱落，可以收集并分离加工。双峰驼每年可产约7千克毛纤维，其结构类似于羊绒。双峰驼的绒毛通常为2厘米至8厘米，可用于纺纱或针织品。

骆驼是世界上公认的"沙漠之舟"，它总是昂着高傲的头颅，从来不与其他动物争宠。它远离喧闹，勇敢无畏地走在广阔无垠、浩瀚无边的不毛之地，是天高地远、风暴雨雪肆虐的生命禁区里的英雄。

一峰峰骆驼在大漠的孤烟中慢慢地移动，身影像一叶叶小舟在大海里乘着风、迎着浪航行。

残阳如血，驼铃奏曲，丝绸古道悠然地飘出一道道美色美景。一串串巨大脚掌的印记触摸着砾石、碎石和流沙，贯穿着每一道沟壑和纹理。骆驼为沙海而生，死后自会长眠于沙海。骆驼坚韧不拔、任重而道远、不屈不挠的品质精神却永不磨灭。如今，骆驼精神已经成为我们的一种默默奉献、踏实工作、不计个人得失的大公无私的精神，影响着时代。

❈ 美文欣赏：

骆驼精神颂

作者：郭谦

骆驼，是沙漠中的精灵，它不会像骏马那样扬首激昂地嘶鸣，不会像耕牛那样自怜地沉重叹息……它总是默默地抬起嶙峋的身躯，负荷着重物缓缓地远足。从来没有庄重的惜别，没有亲友的挥手，没有鲜花的蜂拥。唯有驼铃伴着孤影，无言地行走，行走！

沙漠中行走的驼队

　　当它踏入无边无际、黄尘滚滚、阴风怒号、寒暑难耐、生灵尽馨的大漠，生命的符号便跃动着挑战死亡、挑战极限的光彩。它们身上透着一种无畏、一种坚韧、一种踏实、一种气概；没有恐惧、没有厌倦、没有躁动、没有委屈、没有怨恨、没有回头，它们稳稳健健地、一步一个脚印地走向前方，走向绿洲，走向希望。

　　骆驼身上有着威而不猛、沉稳不张扬、鲜明出众的风格和内敛含蓄的气质，有着顽强的生存意志，有着与酷暑严寒、无食无水的恶劣环境抗争的能力，它们总能战胜困难，到达漠海的彼岸。它们的成功源于身上的精神，那种不屈不挠、抗拒疾苦的坚韧精神，那种任劳任怨的踏实精神。

　　每想到骆驼，我心中就会流淌出一种思绪：感叹、羞涩、敬佩、膜拜。

　　红尘滚滚，世事艰难，我们的人生何尝不是在沙漠中行走？谁没经历过沙漠的两极——冰点和沸腾呢？扪心自问，我们是否具有骆驼的血性和精神呢？在人生的赛场上，我们是在咀嚼自己寻找到的绿草，还是在吃祖先留下的干禾；是自己积蓄了足够的能量向前冲刺，还是跟在父母的背后挪步，甚至躲在父母的庇护下息脚。

　　今天，我们面对激烈的竞争和压力，更需要以一种求实务实的态度来适应社会，更需要一种顽强拼搏、勇往直前的骆驼精神，去开拓新的天地。

　　骆驼精神，是我们人生的营养。我们渴望人生的健康与美丽，我们憧憬世界的晴朗和欢乐，那么就要像骆驼那样，勇敢地面对人生、面对生活、面对考验，像钢铁那样在熔炉中接受锤炼和淬火。

　　心有一种精神，心存一片沙漠，我们就能在困难和挫折面前，敢于直视忧患，乐于积累、奋进。我们的情怀才能像骆驼那样坚韧、沉稳、宁静。从此，不会因自我条件的落差而妄自菲薄，不会因外界的鹤唳而瑟瑟发抖，不会因身心的困顿而万念俱灰，不会因命运的起伏而惆怅叹息。即使摔倒，我们也会重新站起，面向阳光，让身心化作一片原野、一片绿洲。

人生也会因拥有精神而变得精彩、健康、美丽，甚至与千秋共存。

沙漠骆驼图

（该文首发于2006年11月博啦-印客网联合出品的图书《美文如虹七彩飞》，2012年10月发表于中国文联《神州》杂志，2013年7月入选语文出版社诵读教材，2016年8月收录于中国文联出版社图书《甘泉清音》，曾被多家报刊、网刊转载。2018年10月宋庄读书会——"郭谦文章朗诵会"被传颂，2019年12月在江苏南通通州区"古沙读书节"被重点朗诵，另在一些学校读书活动中被传颂。）

蚂蚁精神——团队合作

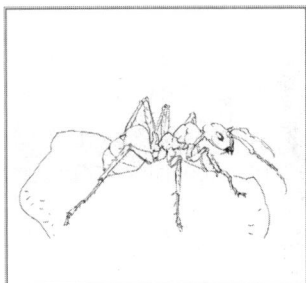

蚂蚁简笔画

导语：蚂蚁高度团结，在家庭内部永远不会发生争斗。蚁后是国王，知人善任，分工明确。工蚁是勤恳的劳动者，看护蚁照顾卵，幼虫和蛹，守巢蚁收集泥土修补和建造巢穴，觅食蚁出外寻找食物和运回食物，清洁蚁照看蚁穴外面的垃圾堆，兵蚁保卫巢穴、粉碎坚硬食物，有时协助搬运重物。每一只蚂蚁都懂得分工合作，团结才有力量。它们无怨无悔地协同作战，在危难时，为了集体的生存，它们可以无私地奉献自己的生命。它们令人钦佩的精神是团队合作精神，也是闪光的集体主义精神。

简要介绍：

蚂蚁是一种十分古老的昆虫，别名蚁、玄驹、昆蜉、蚍蜉蚂，属节肢动物门，昆虫纲，膜翅目，蚁科。它的起源可追溯到一亿年前，大约与恐龙同一时代。蚂蚁不但常见，而且种类繁多，目前世界上已知的蚂蚁约有9000种，估计全部种类应有12000种到15000种，而我国至少有600种。我国居室内常见的蚂蚁主要有以下三种：小黄家蚁、大头蚁、洛氏路舍蚁。

据现代形态学科分类，蚂蚁属于蜂类。蚂蚁能生活在任何有它们生存条件的地方，是世界上抗击自然灾害能力最强的生物。蚂蚁的寿命很长，工蚁可生存几星期，甚至3年至7年，蚁后则可存活十几年、几十年不得。一个蚁巢在一个地方可生长几年，甚至五十几年。

蚂蚁素描图

蚂蚁是一种有社会性生活习性的昆虫，它要经过卵、幼虫、蛹阶段才发展成成虫，幼虫阶段的蚂蚁没有任何能力，它们也不需要觅食，完全由工蚁喂养，工蚁刚发展为成虫的头几天，负责照顾蚁后和幼虫，然后逐渐开始做挖洞、搜集食物等较复杂的工作。个头大的、头和牙也大的蚂蚁，经常负责战斗保卫蚁巢，也叫兵蚁。

与蚂蚁互动形成的生物达到了惊人的程度。与蚂蚁共生的生物，或专性或间性，植物超过了五十二科四百六十五种，动物则达到了数千种，还有大量未知的真菌和微生物，蚂蚁正在使用着非凡的生存策略——种植真菌，收获种子，放牧产蜜昆虫，编制巢穴，合作捕食，社会性寄生，蓄奴——这些都极大地激发了科学家和公众的好奇心。 蚂蚁在世界各个角落都能存活，其秘诀就在于它们生活在一个非常有组织的群体中。它们一起工作，一起建筑巢穴，使它们的卵与后代能在其中安全成长。

蚂蚁的食物种类很广，凡是香甜的食品及动物性食料它们都喜欢。蚂蚁对温度的反应敏感，多半在炎热天气活动。它们能辨别道路，行动极为匆忙，如果个别工蚁死亡，尸体会被运回蚁穴。但它们不耐饥饿，在没有食物和水的情况下，四昼夜就会有一半死亡。

无论蚂蚁是大是小，它们的力气都特别大，能抬起比自己大几倍的物体，集体可搬运大它们几十倍、几百倍的物体。

❀ 美文欣赏：

蚂蚁团队精神赞

作者：郭谦

蚂蚁是人类最亲近的朋友，俯身可见。它们长得很小，很小，但灵动的身影却很可爱，也很神奇。

早在一亿多年前，蚂蚁就生活在地球上了。与它们同时期的有很多动物，如三叶虫、恐龙、猛犸象、水龙兽、始祖鸟、石爪兽、甲胄鱼等。不可一世的恐龙早已灭绝，蚂蚁却顽强地生存下来，还成了昆虫界乃至整个动物界的强者。

早在五百万年前，它们就具有了种植、放牧、建筑等技能，它们会用身体做储存蜜糖的罐子，比冰箱效果还好；会用身体搭桥，跋山涉水。它们的蚁后不但能控制幼虫的数量，还能控制幼虫的性别。它们的总重量加起来比人类还重，所占领的领土比人类还广阔。

夏季，当天气发生变化，暴雨即将来临之前，蚂蚁往往会准确地预感到灾难的到来，它们成群结队地来个大迁移，把家从低洼的地方搬向高处。蚂蚁搬家是一道非常动人的风景线，在路旁、在操场、在空地，弯弯曲曲的一个长长队伍，成几路纵队行进，近看，众多蚂蚁走得密密麻麻，并不整齐，但远望却也并不散乱，一条粗细均匀的黑线从这一点连到那一点，带有一种滚滚向前的

蚂蚁团队在协作搬粮中显示集体的力量

动感，让你不由得就觉得那里面蕴含着一种巨大的力量。蚂蚁看起来很渺小，但并不弱小，为什么他们会成为昆虫界的强者呢？是因为蚂蚁具有很多优秀品质：勤劳、勇敢、团结、奉献。尤其是它们具有团队合作精神。正是这种可贵的集体主义精神，才让它们克服千难万险，无所畏惧，勇往直前。

勤劳，是走向成功的基础。在成百上千只蚂蚁搬运巨物（蚯蚓、知了等）回巢时，工作中没有监督，但没有一只蚂蚁偷奸耍滑，它们不停地搬运，终日辛勤劳作，高度的责任感和自觉性体现出勤劳的本质。千里之行始于足下。每一个远大的理想，都需要踏踏实实迈好脚下的每一步，勤勤恳恳做好当下每一件具体的事。天道酬勤。一分耕耘一分收获，只有辛勤劳作，才能一步一步走向丰收。

我们每个人在成长的道路上，都会遇到各种各样的、大大小小的困难。有些困难对蚂蚁来说就像面前有一头大象，不可逾越。但是，无论蚂蚁遇到什么困难，总是充满自信，勇敢面对，努力克服。再大的强敌，它们也会一点一点地啃，最终获得胜利。它们的勇气启迪我们，办法总比困难多，群策群力就能把困难踩在脚下。

团结协作，是战胜困难的法宝。蚂蚁择群而居，分工合作。遇到困难，就会发挥集体的力量。一个人的能力是有限的，但是团结就有力量，团结就会创造生命的奇迹。蚂蚁发挥集体的力量，就能搬走大于他们几百倍、几千倍的物体，啃走重于它们几万倍的物体。蚂蚁抱成团，能从大火里、大洪水中逃生，靠的就是团结。团结需要自觉的合作意识和团队精神。可怎样才能更好地团结在一起，凝结成一个更加有力量的团队呢？这就需要奉献的精神。

奉献是蚂蚁最宝贵的品质，它要求团队中的每一个分子都有一种境界：无私地、忘我地投入。假如团队中每个人都能为他人着想，为集体生存着想，团结扭成一股绳，终究能战胜困难和危险。如蚂蚁在山上遇到大火包围时，它们会迅速抱成一团，成为一个球体向山下滚动。球体外圈的公蚁们常常会牺牲，但他们用身躯保护了内圈的母蚁和幼蚁，公蚁这种舍己为人的牺牲精神令人动容。扪心自问，当我们处于那种危险的境地，是否能表现出那种无私、崇高的牺牲精神呢？

团队合作精神强调团队内部各个成员为了团队的共同利益而紧密协作，从而形成强大的凝聚力和整体战斗力，最终实现团队目标。在蚂蚁的团队里，蚁后负责繁衍后代，工蚁负责奔走找食，兵蚁负责战斗保卫，它们分工明确，各司其职，配合得彼此无间，是典范的战斗团队。因此说，我们团队中的每个人可能是某一个方面的人才，但不一定是全才，只有发挥团队精神，才会取得最大的成功。

信任是团队合作的基础。每一个成员必须诚信、负责，也应具备豁达的胸襟，充分信任他人，认可他人的个人品质及专业素养。或许他人在某些方面不如你，但若你能看到他人的强项和优点，并对他人寄予希望，他人也会释放出无限的工作热情。因此信任是互相的。在竞争日趋激烈的21世纪，为了更好地生存与发展，小到一个人，大到一个国家，团队合作都是极其重要的一种素质、一种精神，它能够把一个个孤立的力量集中在一起，为了一个共同的目标，齐心协力地将团队的力量最大化，以获得最大的利益。古往今来，靠团队合作而一举成功的事例可谓不胜枚举，值得我们去学习和借鉴。团队合作，优势互补，共同发展也是个人、国家、民族通往成功彼岸的必由之路。

蚂蚁团队合作图

白杨精神——朴实坚强

白杨简笔画

导语：白杨是我国西部地区最常见的树。它的精神在于其朴实无华。没有眼花缭乱的花团锦簇，没有五光十色的姹紫嫣红，茫茫戈壁，滚滚沙漠，房前屋后，到处都有它的身影。它伟岸、挺拔，以翠色欲流的绿色，展现着生命的魅力。任凭风吹雨打、狂沙肆虐，任凭干旱盐碱、烈日暴晒，依然不屈不挠地生长着，给那贫瘠的沙漠带来了无限生机和希望，给空旷的戈壁带来了一道独特亮丽的风景线。

简要介绍：

白杨是杨柳科杨属植物的通称，原产于北半球，较其他杨属植物分布于较北较高处，以叶在微风中摇摆、树干非常直而闻名。

白杨喜温凉、湿润。在早春昼夜温差比较大的地方，树皮常冻裂，俗称"破肚子病"。在暖热多雨气候下，易受病虫侵害，生长不良。在深厚肥沃、湿润壤土或沙壤土上生长很快；在干旱瘠薄、低洼积水的盐碱地及沙荒地上生长不良，病虫害严重，易形成"小老树"。稍耐盐碱，大树耐水湿，深根性，根系发达，根际萌蘖性强，生长较快，耐烟尘，抗污染。寿命是杨属中最长的树种，长达两百年。

白杨在中国分布较广，北起辽宁南部、内蒙古，南至长江流域，以黄河中下游为适生区。垂直分布在海拔一千二百米以下，多生于低山平原土层深厚的地方，昆明附近海拔一千九百米的沟堤旁有杨树，生长良好。

白杨树是西北最普通的一种树，只要有草的地方，就有白杨树的影子。它不讲究生存条件，大路边，田埂旁，哪里有黄土，就生存在哪里。它不追逐雨水，不贪恋阳光，只要有一点水分，白杨树的一截枝条就会生根、抽芽。只要有一点生存的空间，它就会撑起一片绿色。它不需要施肥，也不需要浇灌，只要不挥刀斧去砍伐，让它自由吸收空气，就会挺拔向上。不枝不蔓，扎根在贫瘠的土壤中，随遇而安，与世无争。春寒中，它的每一片嫩芽、每一片叶子都努力地向上生长，不弯腰，不媚俗；秋风里，虽然脱尽了叶子，单薄的枝条依然透着精气，枝干向上，高昂着头；严冬里，它迎着风霜雪剑，依然伫立在寒冷的黄土地，枝枝傲骨，树树无字，树树有声。

山坡下的白杨

白杨树可以当柴烧，可以制作家具，可以做屋檐栋梁，可以制作农具，它的叶、枝、树皮、根皮还可以制药。白杨树和养育它成长的黄土地一样，朴实无华，默默奉献。

🌸 美文欣赏：

白杨颂歌

作者：郭谦

在广袤的原野上，天际苍茫，白杨树以其挺拔的身姿，傲立于世，好似大自然中一道靓丽的风景线。

早春，白杨树在寒冻里冒芽、生长。蓬勃一片，翠绿一片。夏日炎炎，白杨树给人提供绿荫掩映。叶子在微风里轻轻摆动，营造出迷人的景观。狂风骤雨中，它们挺直腰杆，守护着脚下的土地，见证着风雨变幻。晚风吹拂，披满绿叶的白杨树哗哗作响，空气怡人清爽。晚秋，白杨树由绿变黄，焦叶飘零，让人感知秋凉。凋零的白杨树叶厚厚地铺满了田野、路面，枯黄与泛黄静静依偎在一起，把残存的生命归于泥土、归于自然，为土地的肥沃

沙丘里的白杨

增添了一点营养。严冬，白杨树遭受冰雪的摧残，它们依旧用光秃秃的枝干展现出坚强，生命依旧在绽放。

白杨树，枝干笔直，树冠茂密，宛如一位位正直无畏的战士，屹立于天地之间。树皮灰白色，在阳光照射下闪烁着银白色的光芒。它们高大挺拔，所有的枝杈一律聚拢向上。一排排整齐的白杨树一字排开，向前延伸。远远望去，就像一道道蔓延色彩的"绿墙"，充满着活力和动感。

白杨树是自然界的勇士，有着坚韧不拔的力量。无论它们身处何地，都能顽强地生长。它们不畏严寒酷暑，不惧雨雪风霜，它们的姿态始终保持着向上。哪怕是在贫瘠的土地上，只要有一丝生机，白杨树就能扎根发芽，茁壮成长。它们不向任何困难低头，不向任何邪恶屈服，坚守着自己的信念和立场。这种正直无畏的品格，正是我们这一代人该有的追求和向往。

白杨树不仅能美化环境，净化空气，还为众多生灵提供了栖息的地方。它们默默地奉献着自己的一切，从不求回报。这种无私奉献的精神，是我们克难制胜的力量源泉。

每当看到白杨树那挺拔的身姿和茂盛的枝叶，我们的心中就会涌起一股股敬意和温暖。它们仿佛在告诉我们：无论遇到多大的波折和挑战，只要我们保持坚强，就一定能够战胜一切困难，实现自己的目标和梦想。

白杨树啊！你这大自然的骄子，耐寒耐旱，又能静静地守着寂寞，彼此团结、相望，不怕孤单。你种种品行高尚，是我们生活的榜样。我们被你感动、感染，你是我们前行的动力，推动着我们勇往直前。我们会永远学习你，向你致敬！我们将像你一样，努力成为生活的强者、国家的栋梁！

——写于2024年5月20日

春蚕精神——生命不息、吐丝不止

春蚕简笔画

导语： 春蚕是一种微小生物。它吃的是郁郁葱葱的桑叶，吐出的是柔软、珍贵的蚕丝。丝可织绸缎，做被子、衣服、窗帘等。春蚕默默地吐丝，一直奉献着自己，吐尽最后一缕丝也就是它生命的终结。因此，它象征着一种生命不息、吐丝不止的无私奉献精神。

简要介绍：

在诗歌和文学作品中用春蚕形容教师等乐于奉献的人，而中国大陆和香港都拍摄了以春蚕为名的电影和电视片，有关春蚕的歌词也出现在不同的艺术作品中。

对"春蚕"最早的记录见于《诗经》，把"春蚕"进行拟人化的比喻最闻名的则是唐代大诗人李商隐的诗句"春蚕到死丝方尽，蜡炬成灰泪始干"，他把春蚕的执着、坚贞、奉献精神表现到了极致，成为千古传唱的佳句。

著名画家潘絜兹在《春蚕颂》中写道："春蚕化生，蕞而微虫，春蚕何取，一桑始终，春蚕春蚕，万世可风。"他对春蚕的品质进行了高度赞美。

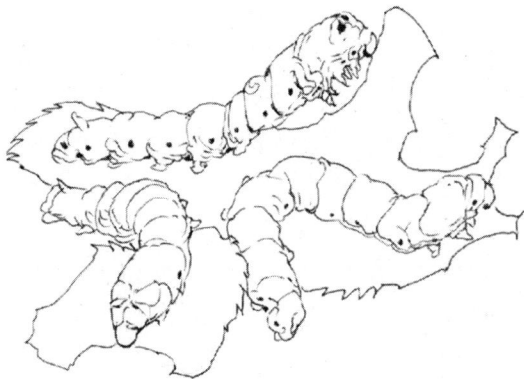

春蚕食桑叶图

人们生动地把教师比作"春蚕"，是对教师的无私奉献精神和高尚品质给予的高度评价。人们赞美教师就像春蚕一样"吐尽心中万缕丝，奉献人生无限爱，默默无闻无所图，织就锦绣暖人间"。

"春蚕"是广大教师感到无比荣耀的称谓。著名教育家朱光潜说："只要我还在世一日，就要吐丝一日，但愿我吐的丝，能替人间增一丝丝温暖，使春意更浓。"

春蚕冰清玉洁，气质高贵；春蚕食几茎绿叶，吐一片锦绣；春蚕生命不息，吐丝不止……春蚕这些优秀的品质，只有光荣的人民教师才无愧于这样的称谓。

美文欣赏：

春蚕颂

作者：郭谦

春天，万物复苏，生机盎然。在这绚烂的季节里，有一种生命以其独有的方式，默默地编织着生命的赞歌，那便是春蚕。

在明媚的春光下，一个一个小黑点趴伏在翠绿的桑叶上，舔吸着香味，留下一丝丝细细的波纹；伴随着桑叶的甜香，小黑点慢慢成长，桑叶布满了各种斑点；之后，肥胖可爱的蚕宝宝一路"扫荡"，不见了桑叶，只剩下桑树枝干……

春蚕啃食时的沙沙声响，仿佛是春天的乐章，又像是生命在吟唱。经常聆听这些细微动听的声音，可以让脾气暴躁的人变得温婉……

春蚕的身体渐渐变得透明，那是蜕变的前奏，是生命在积聚力量。终于，当那一刻来临，春蚕们吐出了细长的丝线，将自己紧紧包裹，开始了生命的另一种形态——茧。

茧，是春蚕生命的转折点，也是它们无私奉献的见证。在茧中，春蚕经历了痛苦的挣扎与蜕变，最终化蛹为蛾，破茧而出，展翅飞翔，形成大片绿裙飞舞的壮观景象。然而，更令人动容的是，它们所吐出的丝，成为人类文明的瑰宝，织就了华美的绸缎，温暖了无数人的身体和心房。

春蚕，这自然界里鲜活的小精灵，以其娇小的身躯，担当着不凡的使命。它们生于春日，食桑叶，日复一日，勤勉不息。那嫩绿的桑叶，在它们口中化作生命的源泉，滋养着它们，也孕育着未来的希望。

春蚕的一生，是短暂而辉煌的。它们没有华丽的外表，没有动人的歌喉，却以自己独特的方式，诠释了生命的真谛。它们默默无闻地付出，不求回报，只为了那一缕缕洁白的丝

蚕农

线，能够为世界增添一份色彩、一份灿烂。

"春蚕到死丝方尽"，这句古诗道出了春蚕精神的精髓，是最美的千古绝唱。春蚕用生命阐释了什么是真正的坚持与奉献。在我们的社会中，有无数像春蚕一样的人，他们默默无闻地工作在各自的岗位上，为社会的进步做出了自己的奉献。他们或许不为人知，他们的精神却如春蚕之丝连绵不断，影响深远。

让我们向春蚕致敬！向那些默默无闻、无私奉献的人们致敬！是他们用自己的行动诠释了生命的价值与意义，让这个世界变得更加美好与温暖。春蚕颂歌，不仅是对春蚕的颂扬，更是对所有无私奉献者的点赞！

——写于2024年4月28日

附录

写作与出版说明

本书创作于2017年春，完稿于2018年冬。

2017年春，一次我与北京文化图书策划李玉聊天，他想请我写一本有关中国精神的书。他的意思是按照当代英模人物的精神来写，而我想按历史先贤精神来写。经过沟通交流，他同意我的想法。于是，说干就干，我便开始一篇一篇地写。

后来，李老师忙于其他事情，不再催促。我按自己的思路写完，取名《图说中国精神》。但配图问题一直困扰我，因杂事太多，我自己也没有时间画，如何让全书配图一致，我没有头绪，写完就搁置下来了。

2022年春，我开始研究电子书，与中国学术期刊（光盘版）电子杂志有限公司属下的大成编客网联系，给网站编辑发了本书的文字稿，并提供了几个新书名。大成编客网编辑认可了这本书的内容，选择用《千年英杰的中国精神》这一书名。由于受疫情的影响，到9月选题才通过审核流程，10月排版、设计封面，原计划11月本书电子书推出，又因疫情暴发，编辑们患病，网站后台"瘫痪"了一段时间。

直到2023年元旦来临之际，《千年英杰的中国精神》电子书才正式上线。

本书有三篇文章曾发表在360网个人图书馆——甘泉书屋，赢得了很多网友的喜爱。具体篇目为：《大禹精神——公而忘私》《孔子精神——仁爱天下》《中国榜样，中国精神——鲁迅精神》。

2023年2月底，我与李玉老师再次商议在国内出版社正式出版本书。李老师建议我再打磨一下书稿，重新考虑配图问题。经过多日思考研究，我对全书的配图做了整体规划设计，从无版权的素材网站和图库选用了一些图片。第一章涉猎的三十个历史人物的第一幅图片都用肖像图，第二幅图、第三幅图选主要事迹图；第二章涉猎的八种动物、植物的第一幅图为白描图，第二幅图、第三幅图是绽放精神的图片。所有图片用墨稿，可黑白两色印刷。

《千年英杰的中国精神》
电子书封面

对图书文字稿我做了大量的润色、修改、填补工作，删除了第二章部分历代名人美文，换上我自己撰稿的美文。我还撰写了一些与文相配的书法作品，以增加图书的特色。我请李玉老师帮我请一个美术编辑排版本书，并进行仔细的自审，再报送出版社审稿。这样从源头保证书稿的质量规范、齐整。

经过五次修改，8月初稿件已经得到出版社认可，本来可以进入最后出版、印刷阶段。8月12日，我拜访多年未见的瞿焕忠老师、黄仲英两位先生，见到了他们的爱子瞿溢老师。

通过交谈，我了解到瞿溢自幼患有听力毛病，但他富有绘画天才，自强不息，不仅工笔画、重彩画、写意人物画画的精美、生动，还擅长插图、连环画。他曾为《南通日报》作插图十五年，画过电视剧《甄嬛传》国画连环画、《中国现代纺织业的先驱：张謇的故事》连环画，还为南通不少作家小说画过插图。他的人物画画风细腻、生动，独树一帜，我非常赞赏和喜爱。我觉得他是我心中寻找了几年的画家。于是，我决定请他为书稿系统地配插图。这样有助于提高图书出版的水平和质量。

于是，8月16日，我去他家商议插图之事，得到了瞿焕忠老师、黄仲英先生的支持，瞿溢也乐意尝试对这一重大主题人物画创作的探索。可是，时间紧、任务重，对瞿溢老师而言是一个挑战。我给他五十天时间，请他画一百二十幅插图，即10月7日交稿。他日夜辛劳，居然在9月26日就完稿了。我既心疼他，感激他，又钦佩他坚韧的精神和毅力。我对他的插图稿很满意，李玉老师看了也很满意，因此一稿通过了。

再次重新排版，增加了麻烦和费用，但我认为只要能提高图书质量就值得去做。对读者负责、对历史负责，也是对自己负责。

李玉、潘萌、范继义等朋友给我联系了不同的出版社，最后我选择了中国致公出版社，书稿名定为《图说中国脊梁》。在全书的三审三校中，出版社与文化公司的编辑付出了很多心血，使这本书内在质量更好、装帧更美观。出书的背后，有很多不为人知的故事，很多人提出了非常好的建议，如如何发行、如何推广宣传、如何实现最好的社会价值……我由衷地感谢助力于本书的写作、编辑、出版的各位朋友。感恩在心中，深情永不忘。

——2024年10月6日，郭谦写于北京大巢艺术区甘泉斋

经历五种艰苦，我才成就了一番事业

小时候，我听母亲讲，张謇先生是南通很了不起的人，创办了大生纱厂、南通师范、南通博物苑等，但创业之初，他曾流落上海街头，身无分文，靠卖字维持生计，落魄潦倒至几乎绝望，吃尽了苦……母亲还给我讲了张謇先生曾说过的一句话："成大事业，必从艰苦得来。"从此我记在心头，作为警示、勉励自己的座右铭。

我的一生，经历了五种艰苦。

一、四年下乡劳动之苦

1974年7月，我高中毕业，右手带有半残疾。因高一时与人掰手腕，右手骨折，伸直了不能弯曲，弯曲了不能伸直。高二毕业前，公社知青办组织应届毕业生到县医院检查，诊断我的手为半残疾，通知我可以留在镇上招工。但我与哥哥金斌两人，只能一人插队，一人招工。我想兄弟情深，还是我下乡比较好。

我可以插队在老镇附近的生产队（我舅舅金绍男当会计的一大队五生产队），也可以到远离老镇的大队。正场公社知青办领导让我选择。年幼时，受红色教育影响，红军不怕远征难，过草地、爬雪山……那些英雄形象鼓励我去锻炼生存、生活能力，于是我选择了去艰苦的地方，即离家约八里地的七大队（王家埭村）。在我下乡的生产队男劳力中，数我年纪最小，当时才十七岁。每次挑粪担到田头，最远要走一里多。插稻秧、割麦子，甚至当牛犁地的农活我都做过。

最苦的活儿是开河去当河工。1975年，我第一次参加开河，每天早晨六点到工地，挑上一百多斤的泥篓，上上下下不停地从河底爬上两岸的泥丘，一直干到晚上六点。那个苦、那个累是现在的年轻人无法想象的。

早晚饭，由我们自己解决；中午生产队供应饭菜，一大碗籼米饭，一碗大白菜，一周只能见到一次荤（猪肉）。每天那么累，也吃不上好的饭菜，那种劳累让人苦得泪往肚里流。回家时，我对父母报喜不报忧。连续做了十六天河工，兴仁区文化站

人工开河挖渠的艰辛图

通知我去参加故事创作，这才勉除了辛劳；之后，我又参加了两条河开河，因为我当上了大队工地宣传员，不再做苦力，情况就好多了。

因为我是带着残疾插队的，也成了公社知青办宣传的典范，两次参加县知青积极分子代表大会。

近四年艰苦的农村生活，让我熟悉当时的农村，并锻炼出社交、组织工作的能力，养成了艰苦朴素、勤劳节俭、任劳任怨等品行和精神，使我在以后的一生里能经受得住各种艰苦的磨难。可喜的是，在农村我用了一年多时间，坚持弯曲、伸直锻炼，逐步恢复了右手的功能。

二、十二年中学的教改、教研之苦

1977年11月，我参加了高考制度恢复后的第一场高考，获得了高分，但因不知具体分数，选报学校不对口，高分低录取。原本我可以上苏州大学这类大学，最后被江苏省海门师范中文班录取，学的是大专中文，待遇是中师。中师一般分配到小学，我们当时被分配到中学任语文教师。

1979年下半年实习时，我被老家正场中学周克勤校长看中，我父亲那时也在正场中学任语文、外语教研组大组长。周校长对我父亲说："我想把郭谦留在我们学校任教，你回家询问一下他的意见。"

我当时对父亲说："我想到兴仁区最艰苦的地方——横港中学任教，那儿苦，可以磨炼人的意志，能激励人成才。"

周校长向教育局反映了这情况，1980年1月，我被分配到横港中学。当时横港乡不通汽车，在兴仁区西北角，被喻为兴仁区的"西伯利亚"。从老家正场到横港，我只能坐汽车先到兴仁镇，然后步行十几里到学校。

过了一年，南通市有车到西亭镇，经过阚家庵，从那儿我步行到横港中学，近了一半路程。又过了两年多，南通市有了公交车到横港。但我从南通市转车回正场不方便，依旧沿河走阚家庵的泥泞小路，那儿的土特别黏，每到冬天解冻时或下雨天，自行车在泥泞路上难以向前。在泥泞道上挣扎的一幕幕情景，让我经久不忘。

初到横港，学校有高中班，没有外语教师，而教育局传达教育部指示：1983年全国各地改变升高中推荐制度，推行升高中的会考制度（即中考），把英语设为三大科目之一。各地学校立即按要求开设英语科目，于是横港中学学校领导找我谈话，说我父亲是南通地区外语教学权威，要我由教语文改教英语。

为了学校的发展，我没有推托，一边自学大学英语教材，一边教学英语。一下子担任两个高中班、两个初三班的外语教学任务。第三年高中部撤销，学校改名为横港初中。我依然教四个班外语，每周二十四节课。那时只讲工作义务和责任，不讲报酬。

20世纪80年代，全国只有人民教育出版社出版的一种英语教材，以文字为主，没有教学图片，教学形式是传统的读书、背书。我研究了十多套国外中小学教材，发现了我们使用的教材的种种弊端。正巧，1982年，东北师范大学王武军教授在全国外语年会上提出要编写多种外语教材的倡议，启发了我探索编写初中英语实验教材，以图探求英语情景教学的新路子（如看图说话、看图复述、表演等教法）。

我编写的英语实验教材，每本书都是我自己通过刻钢板自己配图、印刷、装订等工序而成的。当时南通县教研室、南通市教研室的教研员闻说后，积极支持我的教改尝试，县教育局领导也鼓励我。第二年县教研员姚仰云老师用打印机帮助我打印书稿，我自己配图，一页页书都是我在油印机上推出来的。金西初中吴杰、秦灶初中顾坤华老师提出与我一起搞教材教改，我也为他们印书、送书，费用都是自理的。

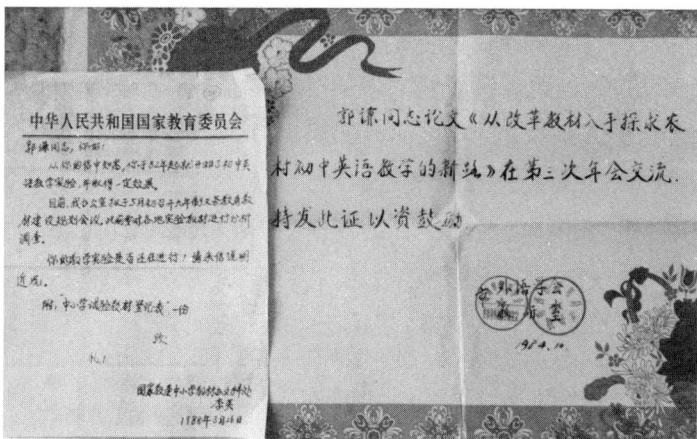
郭谦英语教改教材论文证书

那时，别无他想，一切为了教改，一切都可奉献。我的教改惊动了省外语学会、省教育学院领导，他们在多次会议上表彰我，北师大李廷宪教授、东北师大王武军教授、华师大吴棠、杭宝桐教授审读了我的教材，给予了好评，国家教委中小学教材办公室也向我征集了实验教材作为备案。

1984年，海门举办南通市外语年会，省外语学会领导找我谈心，说："郭谦老师，你的探索精神难能可贵，但我告诉你，现在省里也没有权力搞教材出版。你的教材虽然在几所学校使用，反响不错，但最终是不会采用的。我想你还是花费精力去搞外语教学法研究吧，那样容易出成果。"

听了专家的指点，1985年，我开始搞英语教学法研究，之后在北师大的

《中小学外语》、华师大的《中小学英语教学与研究》等杂志上不断地发表教学法研究文章。1990年，我出版了专著《中学英语学习方法漫谈》，还出版了一些英语教辅图书和英语学习词典。

郭谦出版的部分英语图书照片

三年英语实验教材的编写，六年教学法研究和出书，过程虽然艰辛，却形成了我一种不断探索和奉献的精神，锻炼出我编书和写书的能力，这为后来的能力迁移（即中文图书的写作和编辑）打下了基础，可以说受益无穷。

三、十年求学之苦

每每想到我不能进入正规大学学习，总会心有不甘，经常夜不能寐。虽然我自学过不少种大学英语教材，但没有文凭，总觉得缺少了些什么。于是，1984年我参加了业余进修，三年后获得南通市教育学院外语大专文凭。1988年，我到南京师范大学函授，三年利用业余时间，获得学校教育专业本科文凭和学士学位。

1991年，我专注于中国通史、教育史的研究，并参加了省里的历史系研究生考试，因为无人辅导，没有购买到历史系正式教材及资料，考试失败，但知识没有少学。

十年间，我为了学历而奔波、奋斗，由于对多学科的学习和研究，拓宽了我的视野，为我后来在文学、文史、语言学、教育学等方面的发展作了铺垫，打下了坚实的基础。

四、二十年文学、文史写作之苦

2002年9月，学校组织体检，我被查出得了乙肝，住了两个月医院治疗。学校安排我休息半年。于是我利用在家静心的时间读书，回忆总结人生，写一些文学作品（诗歌、散文）。也是那年11月，我父亲因患肝癌去世，他留下了一本二十五万字的《现代作家亲缘录》手稿。为了完成他的遗愿，我花费一些时间对他的书稿进行增补，达到四十五万字，于2004年正式出版。成功出版父亲遗著，无疑增强了我文史写作的信心，有了新的写作思路，也减轻了对乙肝病的恐惧。但也让我体会了一番写作之苦。

我计划写一套《走进文化名门》丛书，包括《影响百年中国的文化世家》《感动百年中国的文化家庭》《震撼百年中国的文化伴侣》《闪耀百年中国的文化星座（兄弟姐妹们）》四本。缺乏写作参考资料，我便去北京、南京、上海、武汉这些城市书店购书，因涉猎一百六十六个家

郭谦《走进文化名门》丛书照片

族、家庭，六百六十多个名家，我又上网查阅各种资料。两年内，我每天写作八小时至十二小时。这套书共一百三十余万字，三易其稿，实际我写作近三百万字。两年后完稿，2006年在海南出版社正式出版。而后中央电视台子午节目采用我的书稿制作电视片，一些大学教授以我的书为文化家族研究的基础材料，这套图书在文坛被誉为"现代文化史记"。

由于学校工作需要，我又断断续续地去上班，因为辛苦，乙肝病多次复发。2006年、2009年我又两次住院治疗。2010年，根据通州市（现南通市通州区）政府政策，满三十年教龄、工龄可以提前退休，我便退休了。

退休后，我能安心养病和写作。2013年，我的身体得以康复。治病成功主要靠忘我的写作和采取中药医治，这为我继续写作提供了保障，也算是自己生命史上的一个奇迹，也是一个从未对外界透露的秘密。

2014年，我的写作、书画由业余转入专业，连续六年每年出版一本新书，书画精品迭出。我一共出版了十五本文学、文史专著，还出版了几本合著。

2018年，我在写作《平凡家庭不平凡岁月》时，连续五个月去采访革命老战士刘振儒，查阅了大量史料，长时间地坐着写作，由于夏天太热出汗较多，臀部满是痱子，不能坐着写，我便站着在电脑前写作十多天，才把30多万字书稿写完，那也是一段抹不去的艰苦记忆。

二十年间，我写作上也有失败，有一些书稿至今还睡在电脑里。如2007至2012年我用六年时间写了两本《同名同姓的美术名家词典》（120万字）、《同名同姓的文学

郭谦出版的部分中文图书照片

名家词典》（80万字），因多种原因未能出版。但是由于对文学界、艺术界的名人进行了系统的梳理，研究了大量资料，我成了文化名人研究的专家，为后来的艺术、文学评论打下了坚实基础。我感觉人在各方面的辛劳、努力，都不会白费，或许现在、或许未来都会得到意料不到的回报。

五、六年百体书法创作、研究之苦

受父亲影响，我从小喜欢绘画、书法，虽然没有接受过正式训练，但有一种内在的爱好和天赋。

2007年，我正式搞书画，人物、山水、花鸟我都画，写意、工笔、重彩也画；书法从小字到大字，我都写。并且，我注重多体字的研究。2012年，我在洛阳白马寺看到国宝《三体石经》，萌发了我创作六体《毛泽东诗词》的念头，一首诗词一种书体，搞了一个月，我成功了。2013年，我又想创作一个微书法作品——《八体兰亭序》。我先用了两个月写大楷字《兰亭序》，由行书、楷书、隶书、大篆、小篆、草书到章草、甲骨文；之后三个月，分别用微书法写；接着用两个月，把八种书体合在一起创作出微书法八体《兰亭序》。

创作珍品需要静心，专心致志，心无旁骛。我连续十几天不外出参加活动，不见朋友，一门心思搞创作。有一天在创作中，我的朋友李玉打来电话，创作被打断，我有些心神不宁，在写第七种兰亭序时就出了错，舍不得废弃这幅作品，我改为《六体兰亭序》。这多少有些不尽兴，于是我又用了一个多月时间，重新创作出一幅八体微书法《兰亭序》。为了这幅作品，我几乎用了一年的时间。故宫博物院的专家看到这幅作品，连连称奇，说这是史上书法难度最大的作品。

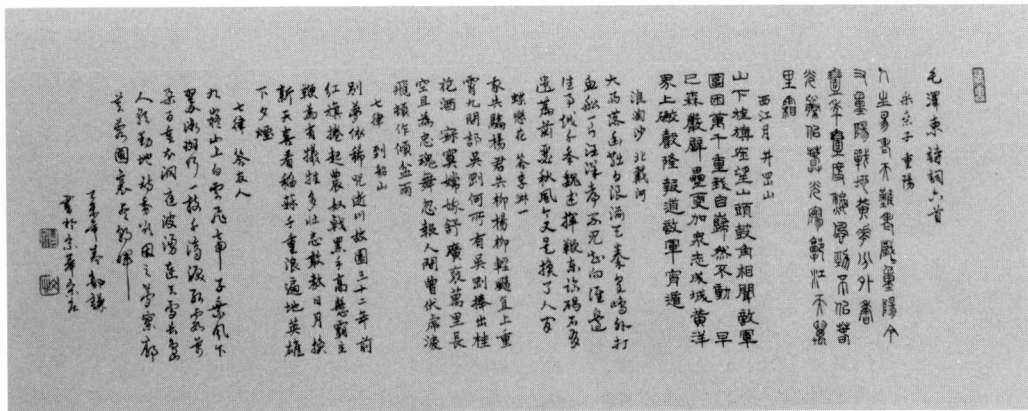

郭谦六体诗词书法作品照片

创作《八体兰亭序》，也是我生活艰苦的时刻，我租住在一个不到三十平方米的小屋里，客厅只有七平方米。坐在一张小饭桌前，从早晨八点写到下午一两点。写一种书体的《兰亭序》前，我先临摹这种书体的字帖半小时，达到内心清净，一种运笔自如、胸中有体的状态，我才开始一笔一笔地认真创作新作品。作品不能错一字，错了就须重来。每天，我一口气写完一种书体，才吃中饭。经常是早上煮一锅稀饭，吃三餐，吃一点儿咸菜、鸭蛋就了事。几个朋友突访，看到我在小屋里满头大汗、艰辛创作，都劝我加强营养……我说没时间和心思去搞吃的，只要搞成我心中的作品，吃点儿苦算不了什么。

2014年至2018年，我连续五年，每年都要创作一个百体书法长卷，有二十六首诗、二十六种体、二十六米长的《诗音墨语》，三十六首古诗、三十六种篆书、三十六米长《古篆新韵》，十八段孔子名言、十八种书体、二十六米长的《孔子名言》，一百二十五种书体、四十七米长的《百体千字文》。每个长卷我均用了七八个月的时间，但它们是世上可称珍品、极品的艺术作品。我创作百体书法之艰苦、耗时之多是常人做不了的。

2018年郭谦书画展展示长卷照片

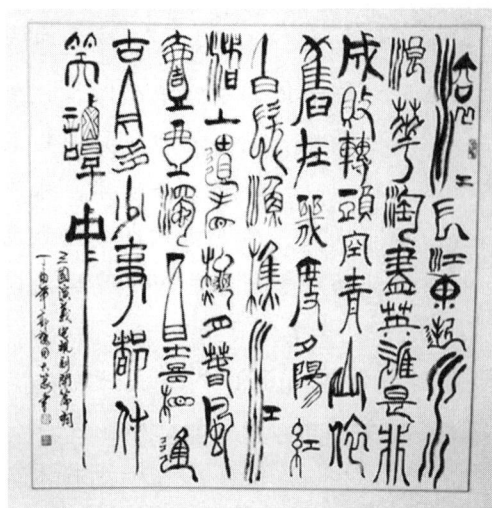

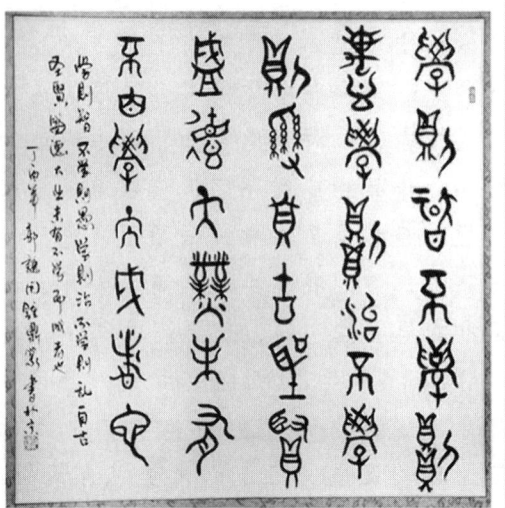

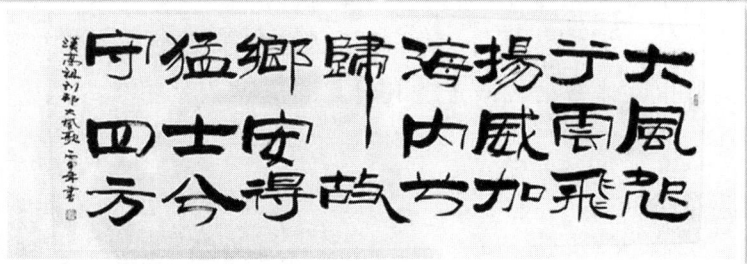

郭谦书法作品

种种经历追溯后，可回到张謇先生的话上，只有艰苦努力，才能成就事业。艰苦让人成熟、成长，艰苦经历是人生的一种财富。

——写于2022年8月15日

我的成功源于我的精神

人生存在的意义和价值，不在于有多少金钱、权力，不在于有多高的地位，不在于穿名牌衣服、戴名牌手表、开豪车、住别墅，而在于人要能在多方面取得成功，显示多方面的才艺，而在于帮助他人，为集体、为社会服务、奉献，人品好、艺品高，从而得到社会的认可，在历史上留下痕迹。

因为金钱珠宝、权力地位、名牌衣服、豪车和别墅等都是人外在的东西，拥有它们不一定长久，而人的高尚品德、良好的思想精神是根植于人的骨子里、血肉中、心里的，与人的内在不可分割。历代贤达虽然早已化为灰烬，但他们的思想精神和品德却留在人间，光芒万丈，永久照亮着后人的前行。注重人的内在修为，尤其是思想精神尤为宝贵。

我的一生可以说读书破万卷，行路万万里。我从好书中汲取各种优秀精神元素，从观万水千山中领悟万物的灵性和精神，从交好友良朋中受益好的品行。青年时期，我就开始注重自我精神的培育、成长；中年时期，我努力发挥自己的精神因素，去探索、去创新，完善自己的精神体系；到了六十岁以后，我更注重研究"精神"学问，把好的精神通过一些活动奉献给社会，我认为这样做，人生更有价值和意义。

"精神"这一名词，文学解释是有智动物，特别是人类的内在灵魂（情感、意志等）、心理现象（思维、神志等）；医学解释是正气、精气和神志。精神是人表现出来的活力、精力体气、风采神韵、睿智精明，是一种可以意会、言传，但触摸不到、难以描绘的东西。

一个有抱负、有理想的人，一个持续成功的人都需要有点儿精神。这儿的"精神"，指的是一种情怀，一种境界，一种超越，一种不甘平庸、不甘屈从、不甘得过且过的血性和品节。人无精神不立，国无精神不强。一个民族需要有点精神，否则就挺不直脊梁骨，不能强大和自我发展；一个家族需要有点儿精神，否则一代不如一代，就会家业衰败；一个人如果没有一种昂扬向上的精神，没有使命般的激情，就会不思进取，萎靡不振，甚至堕落、颓废，失去生命的价值和意义。

人需要的精神不是指一种，而是指众多的优秀精神，是一个比较完备

大庆油田工人艰苦奋斗的场景图

的精神体系。那么，哪些精神是自我精神体系中必备的内核呢？

第一，人要有艰苦奋斗、不懈努力的精神。古语说："吃得苦中苦，方为人上人。"我想可以将其改为"吃得苦中苦，方可超他人"。我曾经经历五种艰苦，才成就了一番事业。在这儿不得不提一下我儿子。我儿子郭超生于20世纪80年代，在甜水里泡大，在众人疼爱下成长，从小不知甘苦，到了上大学也不知道"辛苦"两个字的含义。

初中时代，他听我讲了国外总统的子女打工的故事。暑假期间，他四处到商店问收不收他打短工。被老板们拒绝后，我让他在家扫地洗碗，发红包奖励，但他出去打拼的念想没有中断。大学二年级，他交了女朋友，开销大了，需要钱，我鼓励他节假日到北京快餐店打工，他才知每天淘几十大箩子的米是那么辛苦，挣钱不容易。我跟他说了许多成功的企业家都能吃苦，他们从各个岗位做起，踏踏实实才干起了一番事业。后来，他吃苦创业，当了老板依然能在特殊时期吃苦耐劳，现在他的公司做到了一定规模，在当地业界也有了知名度。如果没有吃苦耐劳的精神，他是无法做出成绩的。

第二，人要有不断探索、不断创新的精神。从小我看了屈原的电影，他那诗句"路漫漫其修远兮，吾将上下而求索"久久徘徊在我脑海里，成了我的座右铭。下乡插队时，夜晚遥望星空，开河时挑起重重的泥箩从河底奔向河岸，这句人生格言总是在我脑海里翻腾，鼓励我克服困难。在北漂的十多年中，它又激励我从外语写作到文学写作、文史写作，再跨越到书画领域。

第三，人需要有自信、自强、自立的精神品格。有了这种精神，不管身处顺境还是逆境，都能保持奋斗不止的激情。妄自菲薄、自暴自弃的人，永远也走不出失败的阴影。命运只会青睐那些充满自信、勇往直前的人。我从小喜欢书画，但后来从事教育、实业，疏于动笔。2007年，因为要给书画家写评论，做宣传工作，我才下决心体会笔墨情趣，此后便一发不可收。我埋头勤写苦画，不知不觉地走上了专业书画道路。回首望，开始两三年，我书写和画出来的作品特别幼稚，一些书画界的朋友鼓励我说你进步大……我对比自己前一阶段的作品有了进步，但与别人的优秀作品相比，觉得差距很大。知道不足，我不失望，而是沉下心寻找不足，想法子上进；动脑子另辟蹊径，弯道超车。我用研究书画理论、书法史弥补不足，用理论指导实践，用实践领悟新经验、新理论，从而加速了进步，并借助创新思维来创作精品，逐步开拓新境界，走出了一条独特的艺术创作道路。

自强者强，知耻者勇。古今中外，大凡成大器者，都是具有这种品格的人。我想只要我们能自信、自强、自立，就可以用勤劳的双手、聪明的大脑发挥出自己的才智，闪出光彩，成就一番事业，闯出一片新天地。

第四，人要有助人为乐的精神。雷锋是助人为乐的楷模，我青年时期学习的榜样。我曾帮助不少的同学、朋友在外语教研上取得进步，他们评上了高级教师，退休后他们的工资比我高；我曾帮助很多文学青年发表文章、出书，让不少朋友的博客点击量逾千万、过亿，致使他们成为知名作家；我曾帮助书法家宋吉林老师形成"朱熹榜书"的书法特色，帮助画家徐鸣远形成"画中画"的画风，帮助张迎研究出兰竹体字体，影响西北龙、漠风由业余爱好变成专业画家；等等。我觉得帮助别人我很快乐，别人的成功中含有我的辛苦、血汗，回忆起来总是很愉悦，也是我人生觉得自豪的地方。

助人为乐是个人良好的品德，也是我们这个社会的新风尚。在很多人之间相互影响、相互促进、相互回馈。我的朋友张富英、孙敦秀、李玉、潘盟、胡建军、程志峰、笑琰、陆国平、张卫、朱志强、王翕金、范晨、刘鑫伟、郭竹松、范中华、许圣祥、许跟林、范强、温文、姜新、李树伟、张明堂、赵义成，我的同学曹斌、顾诺之、周建华、张

助人为乐的简笔画

新民、凌宗伟、黄超英、潘健、蔡群、丛立新、瞿建、李光达、单雄清、吴杰，我的学生李志丹等人，他们在我迈过艰苦奋斗、走向成功的过程中，曾给了我许多支持和帮助；艺术名家徐鸣远、王伟平、宋吉林、董正义、秦汉等人给了我书画技术上的指导，成为我的铁杆朋友。这些人的恩，点点滴滴铭记在我心间，我们之间有很多讲不完的故事。我的交往史有很多秘密，将来可能会被人们津津乐道。助人，我不图回报，命运却让我交上难以计数的朋友，并且越交越多。得到了这些朋友的厚爱，可算是上天对我的馈赠。

第五，人要有公益奉献精神。人类是社会性群体，不能脱离群体而存在。人的性格形成与生活环境、家庭教育、自我教育、学校教育等因素有关，人性中存有好的一面，如博爱、和善、感恩、无私、乐观等；也有坏的一面，如自私、嫉妒、愤怒、残暴等。如果我们注意读好书、交良友、学先贤、做好事，个人品德就会向好的方向发展，人性会得到完美、完善。近朱者赤，近墨者黑，善言善行能影响别人，形成富有正气、积极向上的朋友圈、生活圈，而造福于社会。

我们家乡南通有个先贤张謇。他一生创办了数十家企业，开创了十个中国"第一"，办了数所家大中小学；他不仅早年做传统赈济，还先后创办了社仓、育婴堂、养老院、盲哑学校、贫民工场等二十三类慈善机构。勇于为国担当、主动为国分忧的家国情怀和责任担当，使他的公益奉献精神更令人觉得鲜明可贵，更值得人学习、效仿。我没有他那么大的才气和能力，无法办厂办校，为家乡做出巨大奉献，但我想有一分力尽一分心，我可以把自己写的著作、书法和绘画捐赠给全国各省图书馆、博物馆、文学馆、艺术馆等文化单位，借助那些文化平台，让更多的人读到、看到，而为社会文化繁荣发展做出积极贡献。

图书馆收藏证书

2016年以来，我已经在十多个省市开展了数十场捐赠仪式，许多县市宣传部、文联、文旅局、中国现代文学馆、青州博物馆、江海博物馆、南通大学等单位主办了我的文化主体活动，我非常感恩这些单位的领导和朋友，也感恩数百家媒体的宣传报道。

奉献精神的意义是"赠人玫瑰，手有余香"。无私奉献会让人与人之间的距离更近，会让社会越来越和谐。不断奉献也会提升个人的品质，使自己的德行有质的飞跃，并且交上更多的好友，让自己走在快乐的人生大道上。

有人问我："郭老师，你到处搞活动，收益如何？"我告诉他们，我写、我画为的是到了老年永远有事做。过去出书，我能拿稿费，现在时代变了，出书我得掏腰包，无偿赠送给图书馆、博物馆，送给朋友。有的人惊讶地说："你开车出去花销不小，要搞百城捐赠，不仅需要花费大量时间和精力，还要自掏腰包，图啥呢？"我说："我的目的是老有所乐，送给更多的文化公众平台，我的图书会让更多的人受益，有利于文化的传播，实现我写书的价值。我自己的退休金节省下来出书、送书，公益捐赠有社会意义……"做一件奉献的事容易，长期做奉献很不容易，我已经做了六年多，还将继续，争取九年后，在我七十五岁时实现百城捐赠的目标，为人生的理想画上句号。

上面谈到的五种精神，是我人生精神体系中一部分。因为写这本书，我选择了三十个英杰、圣贤，他们都是我学习的楷模，他们的精神是我汲取的营养，永远激励着我、鞭策着我、完善着我、丰富着我。人生无涯，行者无疆。大道且长，绚丽在前。

——2023年3月5日，郭谦写于南通甘泉斋

参考资料

1.程涛平，李茜.大禹故事[M].武汉：武汉出版社，2012:7.

2.蔡峰.大禹治水/中国经典故事绘本系列[M].上海：上海人民美术出版社，2017:9.

3.李长之.孔子的故事[M].北京：中国致公出版社，2020:4.

4.郭德福.孔子的故事（全2册）[M].济南：济南出版社，2023:2.

5.陶黎铭，张英.墨子智慧故事[M].上海：上海外语教育出版社，2010:8.

6.刘大胜.墨子的故事[M].太原：希望出版社，2022:12.

7.李清源.墨子（中华先贤人物故事汇）[M].北京：中华书局，2020:9.

8.徐谷安等绘画.荆轲刺秦王（东周列国故事）[M].上海：上海美术出版社，1981:11.

9.乐凡著，刘珈汐绘.课本里的史记故事绘本:荆轲刺秦王[M].北京：化学工业出版社，2023:8.

10.王艳娥.屈原的故事[M].长春：北方妇女儿童出版社，2010:4.

11.王健强.屈原传[M].武汉：湖北人民出版社，2008:6.

12.王挺斌.屈原（中华先贤人物故事汇）[M].北京：中华书局，2022:11.

13.高慧芳.张骞[M].北京：中华书局，2022:11.

14.吴兴勇.丝绸之路的开拓者:张骞的故事[M].武汉：武汉大学出版社，2017:6.

15.黄永年.司马迁的故事[M].北京：商务印书馆，2018:11.

16.陈永锵绘，吴赤峰文，《司马迁》历史人物故事连环画[M].广州：岭南美术出版社，1981:5.

17.范牧.诸葛亮[M].郑州：中州古籍出版社，2012:10.

18.国学典藏书系丛书编委会编撰，诸葛亮传[M].长春：吉林出版集团，2010:12.

19.李庆彩.忠义神勇:关羽的故事[M].武汉：华中科技大学出版社，2023:9.

20.柳江南，张隼.关云长[M].南京：南京大学出版社，2015:9.

21.张志江.关公[M].北京：中国社会出版社，2008:1.

22.刘占召.王羲之传[M].北京：东方出版社，2009:1.

23.高方.王羲之（中华先贤人物故事汇）[M].北京：中华书局，2022:11.

24.刘标玖，刘锦东.书圣王羲之[M].武汉：华中科技大学出版社，2020:4.

25.王艳娥.李白的故事[M].长春：北方妇女儿童出版社，2010:4.

26.任雅芳.李白（中华先贤人物故事汇）[M].北京：中华书局，2023:2.

27.郭恩德.郭子仪（第一卷）[M].太原：山西人民出版社，2010:9.

28.姜正成编.威震天下（郭子仪）[M].郑州：郑州大学出版社，2017:8.

29.崔旭.范仲淹传[M].北京：中国书籍出版社，2017:9.

30.周燕来.范仲淹（中华先贤人物故事汇），北京：中华书局，2023:2.

31.毕宝魁.王安石故事（唐宋八大家故事丛书）[M].长春出版社，2023:1.

32.石继航.王安石（中华先贤人物故事汇）[M].北京：中华书局，2020:9.

33.杜崇斌.大儒张载[M].西安：西安出版社，2016:7.

34.宣朝庆.张载[M].西安：陕西师范大学出版总社，2017.

35.龚延明.岳飞的故事[M].长春：北方妇女儿童出版社，2010:4.

36.谢宏模，周永梅，刘菊兰，陈林，等.岳飞故事[M].南京：南京大学出版社，2009:6.

37.李光宇编.文天祥的故事[M].北京：少年儿童出版社，1983:2.

38.胡辉.文天祥（中华先贤人物故事汇）[M].北京：中华书局，2021:7.

39.吴晗.海瑞的故事[M].北京：人民出版社，2020:5.

40.施若.李时珍的故事[M].上海：上海人民出版社，1956:2.

41.滕毅.李时珍（中华先贤人物故事汇）[M].北京：中华书局，2022:11.

42.杨漫欣著，马建平绘.探险家:郑和（中国历史名人传）[M].长沙：湖南少年儿童出版社，2021:7.

43.王佩云.郑和[M].北京：海洋出版社，2005:1.

44.金文明.戚继光的故事[M].北京：少年儿童出版社，1983:4.

45.范中义.卫国英雄戚继光[M].沈阳：辽宁人民出版社，2017:1.

46.庄葳.林则徐的故事[M].北京：少年儿童出版社，1981:12.

47.天津人民美术出版社编著，《林则徐》连环画[M].天津：天津人民美术出版社，2006:7.

48.唐宁.邓世昌传[M].北京：北京时代华文书局，2016:1.

49.陈明福.卫国英雄：邓世昌（青少版）[M].沈阳：辽宁人民出版社，2017:1.

50.石一歌.鲁迅的故事[M].上海：上海人民出版社，2013:12.

51.刘再复.鲁迅传[M].北京：人民日报出版社，2010:1.

52.张晓唯.蔡元培传[M].天津：百花文艺出版社，2009:4.

53.施龙.蔡元培（只手缔造新北大）[M].北京：中国发展出版社，2008:2.

54.李建臣.华罗庚的故事[M].呼和浩特：远方出版社，2022:12.

55.林承谟.华罗庚的故事[M].武汉：华中科技大学出版社，2013:5.

56.魏天作.从小木匠到大画家——齐白石的故事[M].武汉：长江少年儿童出版社，2020:4.

57.齐白石，齐白石自述[M].北京：中国广播影视出版社，2009:4.

58.《青少年红色励志故事丛书》编写组，焦裕禄的故事[M].长沙：湖南人民出版社，2012:4.

59.吕丽娜编.焦裕禄:把我埋在沙丘上(中华先锋人物故事汇)[M].南京：接力出版社，2019:6.

60.中华少年信仰教育读本编写委员会，雷锋的故事[M].西安：世界图书出版公司，2016:5.

61.李幼谦.雷锋的故事[M].沈阳：万卷出版社，2021:10.

62.《雷锋的故事》编写组，雷锋的故事[M].长沙：湖南人民出版社，2021:4.